쉽고 재미있게 익히는 논리·논술학습

논리학습 논술교실

김영이 글 | 김태란 그림

한국독서지도회

책 머리에

우리들은 매일매일 자고 일어나면 말을 하고 글을 읽고 글을 씁니다.

그런데 글을 쓰는 일에 대해서는 대부분의 사람들이 어려워합니다. 이유가 뭘까요? 그것은 지나치게 잘 쓰려고 하는 욕심에서 오는 부담감 때문입니다. 그리고 또 한 가지 이유는 열등감 때문이기도 하지요.

"내가 어떻게 글을 써. 아니야, 난 못 해."

이렇게 자신 없는 태도도 우리가 글을 쓰는 데 방해가 되는 요소 중의 하나이지요. 하지만 글쓰기는 우리가 생각하는 것처럼 어려운 것이 아닙니다. 글이나 말은 모두 자신의 생각이나 감정을 나타내는 데 목적이 있는 것입니다. 성급한 마음을 버리고 차근차근 단계를 밟아 글쓰기를 배우고 연습하다 보면 자연스럽게 글쓰기 실력이 늘어 가는 것을 깨닫게 될 것입니다.

이 책은 글읽기와 글쓰기에 이제 막 취미를 갖기 시작한 어린이들을 위해 꾸몄습니다. 우리 나라 민간에 전해 오는 이야깃거리와 쓰기에 가장 기초가 되는 내용들을 순서를 밟아 단계별로 문제의 수준을 높여서 꾸몄습니다. 그러므로 중간에 글쓰기가 어렵다고 생각이 드는 학생들은 바로 앞의 단계로 되돌아가 연습을 해도 좋습니다.

우리 한국독서지도회에서 이번에 출간한 〈논리 학습·논술 교실〉은 읽고 생각하고 그리고 글쓰기 실력을 기르기 위한 책입니다. 글쓰기에 싫증이 나지 않게 적당한 분량의 문제에다 초등 학생이 재미있게 읽을 수 있는 생활 주변의 이야기와 예로부터 전해 내려오는 이야기들을 골라 알맞게 구성하여 지루함을 덜어 줄 수 있도록 배려하였습니다.

이제 이 책을 통해 틀림없이 여러분은 글쓰기에 조금은 자신감을 얻게 될 것이라 믿습니다. 서툴지만 마음 속에 품고 있는 아름다운 생각과 느낌들을 마음껏 펼쳐 보세요. 그러는 동안 우리들의 글쓰기 실력도 저절로 늘어 갈 테니까요.

자, 그러면 이제부터 자신감을 가지고 글쓰기를 배워 보도록 합시다.

차 례

1. 팔은 안으로 굽는다 ……………7
2. 돌다리 두드려 보기 ……………17
3. 엄마쥐와 생쥐 ……………27
4. 귀중한 보물 ……………35
5. 누가 옳을까 ……………43
6. 세 사람의 장님과 코끼리 ……55
7. 사자왕과 토끼의 계략 …………65
8. 토끼와 거북이의 여행 …………76

9. 거짓말 겨루기 ·················90
10. 아들을 파면시켜 주오 ········105
11. 으악새 울음소리 ·············120
12. 두루미와 여우의 만찬 ·······134
13. 한 표를 부탁합니다 ·········150
14. 여우와 까마귀 ················163

● 모범 답안 ·················177

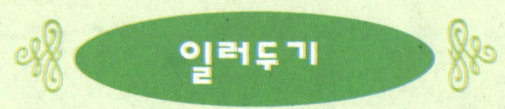

일러두기

  이 책은 초등 학교 학생들의 논리적인 사고력과 글쓰기 능력을 키워 주기 위해 엮은 것입니다. 단순한 읽기용 책도 아니며, 그렇다고 글쓰기만을 장황하고 지루하게 엮어 놓은 책도 아닙니다.

  우리는 이 책을 '읽기'와 '쓰기'로 이원화하여 어린이들이 흥미를 가지고 공부할 수 있도록 꾸몄습니다. 그리고 어린이들이 무심히 책장만을 넘기며 읽는 책이 아니라 사소한 것 하나도 논리적으로 생각할 줄 아는 생활 자세를 갖도록 하려는 데 힘을 기울였습니다.

  또 '쓰기'란은 전체적으로 하나의 체계를 세워 아주 간단한 쓰기 단계부터 시작을 해서 점차적으로 단계를 높여 글쓰기에 자신감을 갖도록 하였습니다.

  이 책은 초등 학교 학생들을 위해서 엮은 책으로 1. 좋은 글쓰기 2. 정확한 말쓰기 3. 글감 찾기 4. 글감 정하기 5. 주제란 무엇인가 6. 주제 정하기와 글쓰기 7. 개요 짜기(1)(2) 8. 힘있게 주장하기(1)(2) 9. 문단 쓰기(1)(2) 10. 내용 간추려 쓰기(1)(2) 등의 내용이 들어 있습니다.

1. 팔은 안으로 굽는다

　지난 일요일, 민아는 할머니를 모시고 막내고모 댁에 놀러 갔습니다. 고모네 집이 보일 무렵 나는 할머니보다 한 발 앞서 뛰어가 초인종을 눌렀습니다. 잠시 후 문이 열리고 고모부께서 반가운 얼굴로 우리를 맞이하셨습니다.

　"장모님, 어서 오십시오. 민아도 어서 와라. 민아가 아주 많이 컸는데요, 장모님. 얼굴도 예뻐지고."
고모부의 목소리는 아주 명랑했습니다.
　"장모님, 미리 연락을 주시고 오시지 그러셨어요. 그럼 맛있는 걸 많이 준비해 놓았을 텐데."
　"연락은 뭘? 그저 보고 싶어서 집을 나섰지. 그런데 여보게, 자네 그 모양이 뭔가?"
고모부는 앞치마를 두르고, 손에는 고무장갑을 끼고 계셨습니다.
　"어멈은 어딜 갔나?"

　현관 밖에서 나는 떠들썩한 소리에 방 안에 있던 고모가 나오셨습니다.
　"엄마, 오셨어요? 민아도 어서 온."
　"집에 있으면서 넌 뭘 하길래 박 서방이 이렇게……."
　"엄마, 오늘은 박 서방이 당번인 날이에요."
　"당번이라니, 그건 또 무슨 소리야?"
　"우린 당번을 정해서 집안일을 나눠서 하잖아요."
　고모는 고모부를 쳐다보며 얼굴에 미소를 짓고 말했습니다.
　고모는 회사에 다니십니다. 그래서 고모부와 집안일을

똑같이 나누어서 당번을 정해 가며 일을 한다고 했습니다.

"음, 그랬구나. 박 서방, 그것 참 잘 하는 일이네. 집안일이라고 모두 여자만 하라는 법이 있나. 여자를 위할 줄 아는 남자가 진짜 잘난 남자지. 안 그런가, 박 서방?"

마음씨 좋은 고모부는 연방 "그렇구말구요."를 되풀이했습니다.

할머니는 회사에 다니며 살림하느라 고모가 고생을 한다고 늘 걱정을 하셨습니다. 그런데 고모부가 빨래하는 모습을 보시고는 흐뭇하신지 고모부를 자꾸 추켜 세웠습니다. 할머니는 점심 식사를 마치시고는 고모 댁을 나오셨습니다. 집으로 돌아오는 길에 할머니가 말씀하셨습니다.

"오랜만에 나왔으니 너희 작은아버지 집에도 잠깐 들렀다가 가자꾸나."

작은아버지 댁은 고모네 집에서 그리 멀지 않은 곳에 있었습니다. 초인종 소리를 듣고 작은아버지께서 대문을 열어 주셨습니다.

"어머니, 갑자기 웬일이십니까?"

"웬일은, 어떻게 사나 궁금해서 들렀지."

그런데 말씀을 하시다 말고 할머니 표정이 갑자기 달라졌습니다.

"아니, 어멈은 어딜 갔니?"

"네, 몸이 좀 아파서요. 아마 감기 몸살인가 봐요."

"아니 그깐 감기 몸살에 이렇게 제 남편을 함부로 부려!"

"어머니, 무슨 말씀을 그렇게 하세요. 이건 집사람이 저를 부리는 게 아니라, 제가 할 테니 좀 쉬라고 한 거에요."

"다 시끄럽다. 어디 여편네가 집에 있으면서 제 남편 귀한 줄 모르고 함부로 대해. 내가 너 이렇게 하라고 장가 보낸 줄 아니, 에이 못난 것."

할머니는 몹시 마음이 상하신 모양입니다. 막내고모 댁에서 즐거워하시던 할머니의 태도와는 너무도 달랐습니다. 민아는 할머니께서 왜 그러시는지 잘 이해가 가지 않았습니다.

읽고 생각 키우기

1. 할머니는 왜 고모부는 잘 한다고 칭찬을 하고, 작은아버지에게는 꾸지람을 했을까?

   _____
   _____
   _____
   _____

2. 고모네 집에서의 태도와 작은아버지 집에서의 태도를 통해 볼 때 어떤 문제점을 발견할 수 있는지 자신의 의견을 써 보자.

   _____
   _____
   _____
   _____

쓰기 ▶ 좋은 글쓰기

★ 좋은 글이란 무엇인가? 좋은 글이란 자기가 쓰고자 하는 생각이나 느낌이 잘 나타나 있는 글을 말한다. 이러한 좋은 글을 쓰려면 다음과 같은 요건을 잘 갖추어야 한다.
① 내용 : 진실하고 풍부할 것
② 표현 : 간결하고 정확할 것
③ 짜임 : 체계적으로 조리 있게 쓸 것

1. 다음 (가)와 (나) 글에서 진실한 내용이 담겨 있는 글은 어느 것인가?

(가) 어머니의 은혜는 하늘보다 높고 바다보다도 깊다. 어머니의 은혜를 생각하면 언제나 마음이

아프고 눈물이 앞을 가려 눈을 뜰 수가 없다. 밤낮으로 우리를 보살펴 주시는 은혜를 무엇으로 갚을 수 있을까? 열심히 공부해 꼭 이 은혜를 갚고 어머니를 행복하게 해 드려야겠다.

(나) 지난 밤 몹시 열이 나서 끙끙 앓았다. 어머니는 밤새도록 한잠도 주무시지 않고 물수건을 적셔 나를 간호하셨다. 내가 잠든 시간에도 어머니는 옆에 앉아 계시며 나를 위해 기도해 주셨다. 들일을 하시느라 피곤한 몸인데도 뜬눈으로 밤을 새우신 모양이다. 아침에 열이 내려 한결 기분이 상쾌했다. 지난 밤 어머니의 정성스런 간호 덕분이다. 오늘 아침 어머니의 수척한 얼굴을 뵈니 고맙고도 죄송스러웠다. 앞으로 어머니의 마음을 헤아리는 착한 아들이 되어야겠다.

2. '어머니의 은혜'에 대하여 자기의 생각과 느낌이 담긴 글을 200자 정도로 써 보자.

_____
_____
_____
_____
_____
_____
_____
_____

3. 다음 문장에서 맞춤법이 틀린 낱말이나 어색하게 쓰인 낱말을 찾아 바르게 고쳐 쓰시오.

(1) 책상을 반드시 놓아라. (   )

(2) 나는 책을 샀다. 그는 참 재미있는 동화책입니다.
   ·· (   )

(3) 누나는 형보다 키가 적고 나는 동생보다 크다.
   ·· (   )

(4) 나는 피자를 별로 좋아한다. (   )

(5) 우리 나라 축구팀이 반듯이 일본을 이길 것이다. ……………………………………………… (   )

4. 다음 문장을 바르게 띄거나 붙여 써 보자.
(1) 나는초등학생이다.
_____

(2) 어머니는부엌에계시고아버지는신문을보신다.
_____

(3) 놀땐놀고공부할땐공부하자.
_____

(4) 나는책읽기를좋아하고철수는운동을좋아한다.
_____

5. 다음 문장에 알맞은 문장 부호를 붙여 다시 써 보자.
   엄마 : 순아야 친구가 부른다
   _____

   순아 : 네 그런데 누구예요
   _____

   엄마 : 미영이인가 보다
   _____

6. 다음은 모두 똑같은 내용의 글입니다. 가장 이해하기 쉬운 것은 어느 글입니까? (   )

   ① 봄이 되었다. 날씨가 따뜻했다. 우리는 소풍을 갔다. 참 재미있게 놀았다.

   ② 봄이 되어 날씨가 따뜻해 우리는 소풍을 가서 참 재미있게 놀았다.

   ③ 봄이 되니 날씨가 따뜻했다. 그래서 우리는 소풍을 갔다. 참 재미있게 놀았다.

7. 다음 문장을 뜻이 잘 통하는 자연스러운 문장으로 고쳐 써 보자.

   > 나는 오늘 학교에 갔다. 나는 집에 왔다. 아무도 없었다. 숙제를 하고 놀이터에 나갔다. 영식이와 제기차기를 하였다. 그리고 나는 집에 왔다. 저녁을 먹었다. 텔레비전을 보았다. 그리고 잤다.

   _____
   _____
   _____
   _____

  2. 돌다리 두드려 보기

마을 밖이라고는 한 번도 나가 보지 않은 사내가 있었습니다. 성격이 얼마나 꼼꼼하고 세심한지 그의 가족들도 그의 성미를 맞추기를 매우 어려워하였습니다. 집 안은 언제나 먼지 하나 없이 깨끗해야 했고, 물건 하나를 사도 이리 보고 저리 보고 한참 동안 곰곰이 생각을 하고 나서야 샀습니다. 그래서 성질이 급한 장사꾼은 도중에 화가 나서 장사 보따리를 그냥 싸들고 가기가 일쑤였습니다.

이렇게 유별난 성격을 가진 사내가 집안에 일이 생겨 먼길을 떠나게 되었습니다. 밭길을 지나고 동구 앞을 지나 산길도 넘었습니다. 그런데 한참 가다 보니 넓고 큰 강이 나왔습니다. 일을 보려면 그 다리를 건너가야만 합니다. 그런데 아무리 생각해도 그 다리가 튼튼한지 의심이 생겨 건널 수가 없었습니다.

'혹시 중간쯤 가다가 다리가 무너져 내리면 어떡하

지.'

사내의 머릿속에서 불안한 생각이 맴돌았습니다.

'만일 다리가 무너져 내리면 난 수영도 못 하니 영락없이 물 귀신이 되고 말 텐데. 어떻게 하면 저 다리를 무사히 건널 수 있을까?'

사내는 지나가는 사람들의 얼굴을 쳐다보았습니다. 친구와 얘기를 나누며 가는 사람들, 짐을 머리에 이고 가는 여인네들, 소마차에 짐을 잔뜩 싣고 가는 사람들……. 그

런데 이상하게도 다리가 무너질까 걱정하는 얼굴 표정들이 전혀 아니었습니다.

'아! 이상도 하지. 저 사람들은 다리가 무너지는 게 무섭지 않은가 보지. 가서 저 돌다리를 발로 한 번 두드려 볼까?'

사내는 다리 앞쪽 부분을 살짝 밟고 발로 두드려 보았습니다. 지나는 사람들이 쳐다보았지만 사내는 모르는 척 다시 다리 경계 밖으로 얼른 나왔습니다. 다리를 발로 두드려 보아도 마음이 놓이지 않았습니다. 그래서 사내는 다시 깊이 깊이 생각했습니다.

'저기 저 뚱뚱한 영감이 지나도 다리가 무너지지 않는군.'

'저 짐마차가 지나는데도 다리는 여전히 무너지지 않는군.'

'저 쪽에 저 많은 사람들이 떼를 지어 건너가도 다리는 무너지지 않는군.'

사내는 다리를 건너는 사람들을 일일이 지켜 보며 다리가 무너지는지 다리가 온전히 있는지 한동안 자리에 앉아 살펴보았습니다. 이렇게 한참을 살피고 나더니 자리를 털고 일어서며 사내가 말했습니다.

'뚱뚱한 뚱보가 다리를 건너도, 짐마차가 다리를 건너도, 사람들이 떼를 지어 건너도 다리가 무너지지 않는 걸 보니 내가 건너가도 다리는 무너지지 않을 거야.'

사내는 그제서야 괴나리 봇짐을 등에 짊어지며 일어났습니다. 그리고는 조심조심 돌다리를 건너갔습니다.

  읽고 생각 키우기

1. 이 이야기에서 사내는 다리가 무너지지 않는다는 결론을 어떤 방식을 통해 알게 되었는가? (   )
   ① 일반적인 자연 법칙을 통해 알게 되었다.
   ② 자신의 실제 경험을 통해 알게 되었다.
   ③ 하나하나의 구체적인 예를 관찰을 해 보고 나서 미루어 알게 되었다.
   ④ 관련된 자료와 전문가의 의견을 통해 알게 되었다.
   ⑤ 오래 전부터 내려오는 관습을 통해 알게 되었다.

2. 이 조심성 많은 사내의 태도에 대해 좋은 점과 나쁜 점을 들어 각자 자신의 생각을 써 보자.

   _____
   _____
   _____
   _____

  정확한 말

★ 정확한 말 : 말을 정확하게 올바로 나타내지 못하면 아무리 좋은 내용이라도 읽는 이가 제대로 뜻을 이해하지 못한다. 그러므로 글을 쓸 때는 반드시 맞춤법과 어법에 맞게 써야 한다.

1. 다음 문장을 정확하게 읽어 보자. 그리고 잘못 쓰인 낱말을 찾아 정확하게 고쳐 쓰시오.

(1) ① 풀을 배러 산에 올라갔다. _____
    ② 옷이 땀에 흠뻑 베었다. _____

(2) ① 개나리가 비를 맞아 꽃봉우리가 활짝 피었다.
    _____
    ② 우리는 산봉오리에 올라 '야호' 소리를 질렀다.
    _____

(3) ① 숙제를 깜박 잃어버리고 안 했다.
_____

　　② 길에서 돈을 잊어버렸다.
_____

(4) ① 햇볕에 눈이 부시다.　_____
　　② 햇빛에 그을렸다.　　_____

2. 다음 문장을 읽고 어색하거나 잘못된 부분을 찾아 바르게 고쳐 쓰시오.

(1) 이 종이는 모두 이십다섯 장입니다.
_____

(2) 신 선생님 생일은 언제세요?
_____

(3) 이 문제에 대해 다른 이견이 있는 사람 없습니까?
_____

(4) 링컨 대통령은 미국의 열여섯 번째 대통령이다.

(5) 제가 이 말씀을 드리는 것은 둘째 번입니다.

(6) 누나가 숙제를 알으켜 주었습니다.

(7) 지금 시간은 4시 30분 정각입니다.

(8) 서울 역전 앞에는 늘 사람들이 많이 있다.

(9) 동해 바다는 물이 매우 맑다.

(10) 머리가 하얀 백발 노인이 길을 물었습니다.

(11) 이 과자의 값은 500원이 되겠습니다.

---

3. 다음 글을 맞춤법, 띄어쓰기, 문장 부호를 생각해 가며 원고지에 옮겨 써 보자.

> 어느 날, 황 정승이 뒤뜰에 가 보니 잘 익은 감이 나무 밑에 많이 떨어져 있었습니다.
> 이상하게 생각한 황 정승이 하인을 불렀습니다.
> "웬일로 감이 이렇게 많이 떨어져 있느냐?"
> "네, 요 이웃에 사는 녀석이 돌팔매질을 해서 이렇게 떨어졌습니다. 지금 막 혼을 내주고 오는 길입니다."
>
>

어느　날,

3. 엄마쥐와 생쥐

　어미개가 예쁜 강아지를 낳았습니다. 이젠 제법 뛰어다니기도 하고 털도 자라서 복슬복슬 합니다.
　어느 날 오랜만에 밖에 다녀온 생쥐가 엄마쥐에게 말했습니다.
　"엄마, 이젠 걱정할 게 없어요."
　엄마쥐는 생쥐가 무슨 뚱딴지 같은 소리를 하는가 하고 바라보았습니다.
　"엄마, 제가 조금 전에 밖에 나갔다가 보았는데, 고양이가 어미개한테 붙잡혀 있던데요. 그러니 이제 우리는 고양이 걱정 안 해도 되잖아요."
　생쥐 말을 듣고 있던 엄마쥐의 얼굴이 금세 환해졌습니다.
　"그래? 네가 정말 그걸 보고 왔단 말이지?"
　"네, 엄마. 제가 이 두 눈으로 똑똑히 보았다니까요. 그러니까 우리는 이제 고양이한테 붙잡힐 걱정은 없게

됐지요, 엄마."
"그래. 네 말이 사실이라면 말이다."
"아, 신난다. 우리는 이제 얼마든지 배부르게 먹고 살 수 있겠구나. 쌀 뒤주에도 얼마든지 드나들 수 있으니 얼마나 좋아. 이젠 우리들 세상이야."
기뻐하는 생쥐를 행복한 얼굴로 바라보고 있던 엄마쥐

가 말했습니다.

"애야, 그렇게 좋다고 너무 방정을 떨지 마라. 지나치게 좋은 것은 조금 경계를 해야 해. 들어온 행복은 소중하게 간직해야 한다는 말이지."

"엄마, 우리는 이제 얼마든지 자유롭게 쌀광을 드나들수 있잖아요. 고양이가 저기 엄마개한테 붙잡혀 있는 한은 말이에요."

"그래도 그런 게 아니란다. 고양이가 언제 어떻게 도망쳐 나올지도 모르잖아. 고양이란 놈이 얼마나 무섭고 약삭빠른 놈인데."

"엄마, 고양이가 그렇게 무서워요?"

"그럼. 고양이는 이 세상에서 제일 무서운 짐승이야. 그러니까 언제든지 조심해야 해."

엄마쥐는 생쥐에게 고양이를 조심하라고 단단히 주의를 주었습니다. 사실, 엄마쥐에게는 고양이만큼 무서운 건 없을 거라는 생각이 들었습니다. 어디를 가든 "야옹" 하는 고양이 소리만 들으면 다리가 떨려 꼼짝을 할 수 없을 정도로 겁이 났습니다. 엄마개가 무섭지 않은 것은 아니지만 고양이만큼 떨리거나 정신이 아찔하지는 않습니다. 눈치껏 잘 행동하면 얼마든지 자기 안전은 지킬 수

가 있거든요. 하지만 고양이한테 꼬리라도 잡히는 날에는 그 날이 바로 목숨이 끝나는 날이거든요. 그래서 엄마쥐는 늘 생쥐에게 고양이를 조심하라고 교육을 시키고 있답니다.

"엄마, 저 나가서 놀다 올게요."

생쥐가 엄마에게 말했습니다.

"그래, 고양이는 아무튼 세상에서 가장 무서운 짐승이니까 항상 조심하거라."

엄마쥐는 밖으로 나가는 생쥐를 향해 또 한 번 주의를 주었습니다.

읽고 생각 키우기

1. 이 이야기에서 엄마쥐는 '고양이만큼 사납고 무서운 짐승은 없다.'라는 생각을 가지고 있습니다. 하지만, 이 세상에는 고양이보다 무섭고 사나운 짐승이 아주 많이 있습니다. 엄마쥐가 이와 같은 판단을 하게 된 까닭은 무엇일까요. 각자 의견을 적어 보세요.

2. 이 이야기에서 엄마쥐가 '고양이만큼 무서운 짐승이 없다.' 라는 잘못된 판단을 내리게 된 이유는 무엇입니까? ( )

① 아는 것이 너무 적어서
② 판단의 기준을 잘못 정해서
③ '무섭다'라는 말의 뜻을 제대로 알지 못해서
④ 이것 아니면 저것이라는 두 가지 면만을 생각해서
⑤ 원인과 이유를 제대로 파악하지 못해서

3. '지나치게 좋은 것은 경계를 해야 한다'고 엄마쥐는 생쥐에게 주의를 주었는데 엄마쥐가 그렇게 말한 까닭은 무엇일까요?

_____
_____
_____
_____

  글감찾기

★ 글감 : 글감이란 한 마디로 글이 될 수 있는 재료이다. 흥부전을 읽으면 그 속에는 제비, 박, 금은 보화, 도깨비 등이 나오고, '엄마야 누나야'에는 강변, 갈잎, 금모래 등이 나온다. 이러한 것들은 지은이가 책을 읽는 이에게 말하고자 하는 바를 효과적으로 나타내기 위하여 동원된 글의 재료들, 곧 글감이다.

1. 다음 글을 읽고, 자연스럽지 못한 글을 찾아보자. 그리고 그 이유를 말해 보자.

> (가) 택시가 달린다. 바람처럼 달린다.
> (나) 택시가 달린다. 말처럼 달린다.

★ 자연스럽지 못한 글 : _____

★ 이유 : _____
　　　　_____

2. 다음과 같은 내용으로 글을 쓸 때 알맞은 글감들을 있는 대로 골라 보자.

(1) 아기가 웃는 귀여운 모습을 나타내기에 알맞은 글감

> 방울 소리, 새 소리, 빗방울 떨어지는 소리, 유리창 깨지는 소리, 바람 소리, 강아지 짖는 소리

_____

(2) '엄마의 사랑'에 대해 글을 쓸 때 알맞은 글감

> 사랑의 도시락, 아팠을 때의 지극한 간호, 비 오던 날의 마중, 훈민정음, 자원 봉사 활동

_____
_____

  4. 귀중한 보물

판단의 잘못 가려 내기 : 슬기로움은 사람의 목숨을 살리기도 하고 어리석음 때문에 정당한 자신의 권리를 잃기도 합니다. 우리는 옛 이야기를 통해 지혜로운 판단으로 위기에서 살아남은 사람들의 이야기를 알고 있습니다. 상대의 교묘한 술수나 잘못된 판단을 날카롭게 찔러 나가는 슬기의 바탕은 바로 논리적인 생각입니다.

옛날 나라가 어지러웠던 시절의 이야기입니다. 산 속에 살면서 지나가는 나그네들을 괴롭히며 돈과 보물을 빼앗고 행패를 부리던 산적들이 있었습니다.

어느 날, 이들이 산 속을 내려와 시골의 한 마을을 차지하였습니다. 산적들은 마을 사람들을 한 장소에 모이도록 명령을 했습니다. 겁에 질린 마을 사람들은 마을 앞 넓은 마당에 모였습니다.

두목인 듯한 험상궂게 생긴 사내가 조금 높은 곳으로

올라가더니 말했습니다.

"지금 당장 여자와 열 살 이하의 아이들은 집을 비우고 재물도 놔 둔 채 이 마을을 떠나도록 하라. 다만, 자기 집에서 가장 귀한 보물 한 가지는 가지고 떠나는 것을 허락하겠다. 만일 내 명령을 어기는 자가 있으면 살아남지 못할 것이다."

산적 두목의 말투는 매우 위협적이었습니다. 아무도 산적의 말을 거역할 수 없을 정도로 얼굴 표정이 무서웠습니다.

"무슨 소리야! 이 마을은 우리 조상 대대로 살아 오던 곳인데. 이 나쁜 산적놈들아."

한 젊은 청년이 용기를 내어 말했습니다. 그러자 두목이 명령을 내렸습니다.

"당장 저놈을 나무 위에 매달아 호되게 매를 때려라. 누구든 내 말에 반항하는 놈은 가만두지 않겠다."

젊은이가 억울하게 산적들에게 매를 맞아 정신을 잃었습니다. 그러자 두목은 더 의기양양해서 말했습니다.

"자, 보았지? 누구든 내 말에 반대하는 사람 있으면 저 모양이 될 테니까. 어서 내 명령에 반대하는 놈 있으면 손들어 봐!"

사람들은 겁에 질려 아무 말도 못 했습니다. 두목이 다시 말했습니다.

"자, 지금 당장 실시해!"

여자들은 어린 아이들 손을 잡고, 또 등에 업은 채 서둘러 산적이 지정한 장소로 떠났습니다. 그들의 손에는 자기네 집에서 가장 귀한 보물 한 가지씩이 들려 있었습니다. 그런데 나이 든 아주머니 한 사람이 등에 웬 젊은이를 업고 왔습니다. 동네 마을 어귀를 지키고 있던 두목이 아주머니를 불러 세웠습니다.

"누가 젊은 사내놈을 데려가랬어. 단칼에 죽고 싶어?"

아주머니의 손에는 아무것도 없었습니다. 산적 두목은 눈을 부릅뜨고 험상궂은 얼굴로 윽박질렀습니다. 하지만 이 아주머니는 조금도 두려워하지 않았습니다. 그리고 아주 또박또박한 말씨로 말했습니다.

"두목께서 말하지 않았습니까? 가장 귀한 보물 한 가지씩은 가져가도 좋다고요. 보시다시피 이 아이는 내게는 하나밖에 없는 아주 소중한 보물입니다."

여인의 말에 산적 두목은 아무 말도 하지 못했습니다.

읽고 생각 키우기

1. 두목은 결국 말 한 마디를 잘못 사용한 탓으로 여인에게 꼼짝없이 당한 셈이 되었다. 이 두목이 여인에게 당하게 된 가장 중요한 이유는 무엇인가? (   )
   ① 보물의 중요함을 설명하지 않았기 때문에
   ② 보물의 크기를 말하지 않았기 때문에
   ③ 보물의 값을 말하지 않았기 때문에
   ④ 보물이란 단어의 뜻을 먼저 명확하게 말하지 않고 애매하게 사용했기 때문에

2. 여인은 위기를 슬기롭게 잘 빠져 나왔다. 이와 같은 경우에 어울리는 속담으로 알맞은 것은? (   )
   ① 물에 빠진 사람은 지푸라기라도 잡으려 한다.
   ② 호랑이 굴에 잡혀 가도 정신만 차리면 산다.
   ③ 제 꾀에 제가 넘어간다.
   ④ 양지가 음지 되고 음지가 양지 된다.

 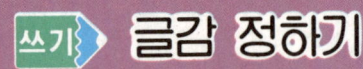 글감 정하기

> ★ 좋은 글감을 찾는 요령
> ① 주변의 사물을 늘 자세하게 관찰한다.
> ② 책을 많이 읽어 생각의 세계를 넓힌다.
> ③ 깊이 생각하고 비판하는 습관을 기른다.

1. 다음 글을 읽고, 물음에 답해 보자.

> 오늘은 내 생일이다. 언니는 내게 재미있는 동화책을 선물로 주었다. 엄마는 아침에 미역국을 맛있게 끓여 주셨다. 나는 기분이 매우 좋았다. 그러나 한편 미안한 생각이 들었다. 언니가 심부름을 시키면 짜증을 내고 심술을 부렸는데……. 앞으로는 언니의 심부름도 잘 하고 공부도 열심히 하는 착한 동생이 되어야지.

(1) 이 글에서 생각이나 느낌을 나타낸 부분을 찾아 쓰시오.

_____

_____

_____

(2) 이 글에 쓰인 글감끼리 묶여져 있는 것은 어느 것인가? (   )

① 동화책, 미역국, 생일, 동생, 공부

② 선물, 언니, 심부름, 짝꿍

③ 엄마, 생일, 짜증, 청소

④ 생일, 동화책, 미역국

⑤ 생일, 엄마, 미역국, 오늘

2. 그림을 보며 생각나는 글감을 적어 보자.

(1) _____

(2) _____

(3) _____

5. 누가 옳을까

"아이, 속상해."

오늘 있었던 일을 생각하며 민수는 혼자 중얼거렸습니다. 무어라고 확실히 말할 수는 없지만 분명히 영철이의 말은 앞뒤가 맞지 않는 엉터리말이었습니다. 그런데도 어떻게 그 말에 공격을 해야 할지 몰라 답답하기만 했습니다.

오늘 있었던 말다툼은 정말로 아주 사소한 것에서 시작되었습니다. 조선 시대 역사를 배우면서 나라가 위기에 빠져 있는데도 당파 싸움만 일삼는 한심한 정치가들을 두고 의견이 서로 엇갈린 것입니다.

"정치가들은 정말 이기적인 사람들이야. 나라가 망하든 말든 자기 당의 이익만 생각한다니까. 그래서 결국 다른 나라에게 침략도 당하고 나라꼴이 영 말이 아니게 만들었어."

민수의 말을 듣고 있던 영철이가 한 마디 내뱉듯이 말

했습니다.

"사람은 누구나 이기적이지 않아? 사실 말이지 이기적이지 않은 사람 있으면 말해 봐."

영철이의 말에 민수는 은근히 부아가 났습니다. 그래서 다시 말대꾸를 했습니다.

"그럼, 너희 엄마 아빠도 네게 이기적으로 행동하시니?"

"아, 그거 당연한 거 아냐. 우리 엄마 아빠가 하고 싶으시니까 하시는 거지 싫은데도 그렇게 하시겠니?"

"그럼 네 말은 나라를 위해 목숨을 바친 사람이나 남을 위해 한평생을 일하다 죽은 사람들도 모두 이기적인 생각에서 그랬다는 말이겠구나. 그리고 그들은 모두 이기주의자란 말이고?"

"두말 하면 잔소리지. 그분들 스스로 목숨 바치기를 원했고, 그들 자신이 원하는 그대로 했으니 이기주의자가 아니니?"

민수는 정말 영철이의 이상한 말돌림에 어이가 없었습니다. 무어라고 쏴 주고 싶었지만 어떻게 말을 해야 좋을지 좋은 생각이 떠오르지 않았습니다. 은근히 부아가 끓어 올랐지만 반박할 수가 없었습니다.

"너는 내가 하는 말이면 뭐든지 틀렸다고 나서는데, 넌 내가 하나에다 둘을 더하면 셋이라고 해도 틀렸다고 할 거지?"

"하나에 둘을 더하는데 어떻게 셋만 되니? 그건 아주 단순한 생각이야. 산수 시간에야 맞는 답이지. 하지만 모든 일에 예외가 있는 것처럼 계산에도 예외가 있지."

"넌 무슨 근거로 그런 말을 하니?"

"너 토마토 하나와 복숭아 하나를 믹서에 넣고 돌려 봐라. 하나가 되지. 하나가 된다는 말은 둘 이상의 것이 완전히 합치는 걸 뜻하지. 그것만이 아니야. 그 주스를 컵에 따라 봐. 한 잔도 되고, 두 잔도 되고 얼마든지 양이 있는 한 숫자는 늘어난다는 말이지."

민수는 정말 어처구니가 없었습니다. 하지만 무어라 대꾸할 말이 생각나지 않아 그만 입을 다물고 말았습니다.

 **읽고 생각 키우기**

1. 앞의 이야기에서 영철이가 말한 아래와 같은 의견은 옳은 의견인가 아니면 잘못된 의견인가? 아래의 빈 칸에 각자의 의견을 쓰시오.

   > 모든 사람은 이기주의자이다.

   _____
   _____
   _____
   _____

2. 앞의 이야기에서 영철이가 말한 아래와 같은 의견은 옳은 의견인가 아니면 잘못된 의견인가? 아래의 빈 칸에 각자의 의견을 쓰시오.

   > 1+1=3

3. 다음과 같은 방법으로 말의 옳고 그름의 증거를 말하는 것은 옳지 못하다. 그 이유가 무엇인지 말해 보자.

(1) 3+2=5이다. 선생님께서 그렇게 가르쳐 주셨고 책에도 그렇게 적혀 있다.

(2) 하느님은 존재한다. 왜냐 하면, 지금까지 아무도 하느님이 존재하지 않음을 증명한 사람이 없으니까 말이다.

(3) 컴퓨터는 분명히 성적을 좋게 한다. 왜냐 하면, 컴퓨터를 배우고 난 후 성적이 월등히 좋아졌기 때문이다.

_____
_____
_____
_____
_____

(4) 한국 사람은 부지런하다. 나는 한국 사람이다. 그러므로 나는 부지런하다.

_____
_____
_____
_____
_____
_____

 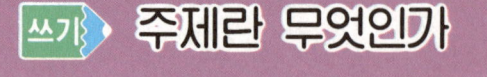 주제란 무엇인가

★ 주제의 뜻 : 한 편의 글에는 글쓴이가 나타내려고 하는 중심 생각이 있다. '흥부전'에는 '착한 사람은 복을 받게 된다' 라는 중심 생각이 들어 있고, '심청전'에는 눈먼 아버지의 눈을 뜨게 하려는 심청이의 효성스런 마음이 담겨 있다. 이러한 중심 생각을 '주제' 라고 한다.

1. 다음 글을 읽고 물음에 답해 보자.

> 입을 꼭 다물었던 꽃망울이 하나씩 둘씩 깨어났어요. 어느 새 꽃들은 하양, 노랑, 빨강……, 고운 옷으로 갈아 입었어요. 호랑나비가 꽃 위를 훨훨 날아다녀요. 꿀벌 친구들도 붕붕 소리를 내며 날아다녀요. 꽃밭은 아침부터 술렁거려요. 나비와 벌들이 꽃밭의 놀이가 좋다고 이야기하는 소리가 저녁까지 들려요. 꽃송이 예쁜 얼굴을 쓰다듬어 주어요.

(1) 이 글의 중심 글감은 무엇인가?

_____

(2) 이 글에서 글쓴이가 말하고자 하는 중심 생각은 무엇인가?

_____

2. 다음과 같은 글감을 가지고 글을 쓰려고 한다. 이 글감에 어울리는 주제는? (   )

> ○ 달리기를 하면 건강해진다.
> ○ 달리기를 하면 심호흡을 하게 된다.
> ○ 달리기 선수의 다리는 튼튼하다.
> ○ 달리기 선수는 대부분 건강하다.
> ○ 달리기는 별다른 운동 기구가 필요 없는 운동이다.

① 운동 선수는 훌륭하다.
② 달리기는 건강에 좋다.
③ 달리기는 가장 좋은 운동 종목이다.
④ 건강을 위해서는 노력이 필요하다.
⑤ 사람은 누구나 오래 살고 싶어한다.

3. 다음 시를 읽고 물음에 답하시오.

짐수레가 간다
오르막길에.

수레 끄는 아저씨 등이
땀에 흠뻑 젖었다.

가만히 다가가서
수레를 밀었다.

아저씨가 돌아보며
씨익 웃으셨다.

내 작은 힘도
남을 도울 수 있구나.

나는 더 힘껏
수레를 밀었다.

(1) 이 시의 글감은 무엇인지 쓰시오.

　　_____

(2) 이 시에서 지은이가 말하고자 하는 중심 생각은 무엇인가?

　　_____

4. 다음 그림을 보고 주제를 정해 보자.

　★ 주제 : _____

5. 다음 글감을 가지고 쓰기에 알맞은 주제를 정해 보자.

| 보름달 추석 군밤 낙엽 코스모스 높고 푸른 하늘 |

★ 주제 : _____

6. 다음 글감을 가지고 쓰기에 알맞은 주제를 정해 보자.

- 소나기가 옴
- 우산이 없었던 나
- 우산을 빌려 준 순이

★ 주제 : _____

6. 세 사람의 장님과 코끼리

한 사내가 코끼리를 타고 길을 갔습니다. 사람들이 북적이는 동네를 지나 조금은 한가로운 길에 이르렀습니다. 나그네는 목이 말라 잠시 쉬어 가기로 마음을 먹었습니다. 그가 코끼리 등에서 내리자 길 가던 사람들이 모여들었습니다. 사내는 코끼리를 한쪽에 묶어 놓기 위해 사람들에게 양해를 구했습니다.

"실례합니다. 조금만 비켜 주십시오. 코끼리를 나무에 묶으려고 합니다. 실례합니다."

사내가 코끼리를 나무에 묶는 동안 구경꾼들이 어느새 주위를 빙 둘러쌌습니다. 그 때 친구인 듯한 장님 세 사람이 사람들 사이를 비집고 나오며 말했습니다.

"여보시오, 코끼리 주인 양반. 저희 소원을 좀 들어 주시겠소?"

코끼리 주인이 말했습니다.

"소원이라뇨? 제가 뭘 도와 드릴까요?"

"예, 다름이 아니라 저희는 보시다시피 이렇게 눈이 멀어 세상을 보지 못하고 살아 왔지요. 코끼리란 동물도 사실 말만 들었지 여태 한 번 만져 보지도 못했거든요."

장님의 말을 알았다는 듯 코끼리 주인이 얼른 말을 가로챘습니다.

"아, 알겠습니다. 그러니까 코끼리를 보지는 못하지만 한 번 만져라도 보고 싶다 이 말씀이시지요?"

"아— 네네, 그렇습니다."

그 중 나이가 많아 보이는 장님이 얼른 말을 받았습니다. 그러자 코끼리 주인은 시원스럽게 대답했습니다.

"아, 좋습니다. 그런 소원이라면야— 얼마든지 만져 보십시오."

사람들이 세 사람의 장님에게 길을 비켜 주었습니다. 장님들은 아주 신기해하며 코끼리를 만졌습니다. 한 장님이 코끼리의 다리를 더듬더듬 만지고 나더니 말했습니다.

"코끼리가 뭐 별건가 했더니 꼭 통나무처럼 생겼네그

려."

그러자 이번에는 코끼리의 코를 만지고 있던 장님이 말했습니다.

"아니, 여보게. 코끼리가 통나무처럼 생겼다고? 자네는 도대체 무얼 보고 코끼리가 통나무 같다는 말을 하는 건가? 코끼리가 기다란 밧줄같이 생겼지 어째서 통나무 같다는 말인가? 아이구 답답한 친구 같으니라구."

그 말이 미처 끝나기도 전에 옆에서 듣고 있던 또 다른 장님이 정말 어처구니가 없다는 듯이 말했습니다.

"아이구, 이 양반들아. 어째 그렇게 답답한 소리들만 하는가? 코끼리는 아주 널찍한 바위 같다네. 이렇게 직접 만져 보고도 그렇게 딴 소리들을 하는가."

그는 정말 답답하다는 듯이 혀를 끌끌 찼습니다.

"무슨 소리야. 그럼 자네는 우리 말이 모두 틀렸다는 말인가? 그래 자네 말만 옳고 다른 사람 말은 모두 틀렸다 이 말이지."

그 장님은 정말 화가 난 모양이었습니다. 또 다른 한 사람의 장님도 기분이 몹시 상했는지 얼굴이 붉으락푸르락하였습니다. 주위에 서 있던 사람들은 모두 어리둥절한 표정으로 이들의 모습을 지켜 보았습니다.

읽고 생각 키우기

1. 세 사람의 장님들이 서로 자기의 주장이 옳다고 말하고 있다. 하지만 이들의 판단은 모두가 잘못된 것이다. 그 이유는 무엇인가? (   )
   ① 원인과 결과를 잘못 판단했기 때문에
   ② 알고 있는 지식이 너무 적었기 때문에
   ③ 부분적인 사실만을 가지고 전체를 판단했기 때문에
   ④ 잘못된 선입견에 사로잡혀 있어서
   ⑤ 다른 사람의 말을 주의깊게 듣지 않아서

2. 다음 주장이 왜 논리적이지 못한지 그 까닭을 쓰시오.

공부를 잘 하는 어린이는 얼굴도 예쁘다.

   _____
   _____
   _____

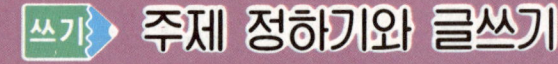

쓰기 ▶ 주제 정하기와 글쓰기

　글짓기 시간에 선생님이 글을 쓰라고 하면 대부분의 학생들은 고민에 빠지지요. '무엇에 대해 쓰지?' 이 때 '무엇'에 해당하는 것이 바로 '주제'라고 앞에서 설명하였지요. 고민을 하다가 주제를 정했어도 실제로 글을 쓰려고 하면 무엇부터 시작을 하여야 할지 많은 사람들은 망설이게 됩니다.

　가령, 주제를 '만화'라고 정하였어도 글을 쓸 때는 만화의 좋은 점도 썼다가 만화는 재미있는 책이라는 둥 이것 썼다 저것 썼다 도대체 무엇에 대해 쓰는지 갈팡질팡하는 일이 많습니다. 한 마디로 글을 쓰는 이의 중심 생각이 어떤 것인지 알 수가 없습니다. 이것은 주제의 범위가 너무 넓은 까닭입니다.

　그러므로 '만화'를 글의 중심 생각으로 정했다면 이것을 자신이 좀더 잘 쓸 수 있는 내용으로 범위를 좁혀 보는 것입니다. 예를 들어, '만화의 좋은 점과 나쁜 점', 또는 '만화는 상상력을 길러 주므로 유익하다.' '폭력적인 만화는 어린이들에게 나쁜 영향을 주므로 읽지 말자.'라고 글의 범위를 좁혀서 쓰면 훨씬 글을 써 나가기가 쉽습니다.

1. 다음의 주제 가운데 범위가 넓은 것은 '가' 자를, 범위가 좁은 것은 '참' 자를 쓰시오.

(1) ① 우정 …………………………………………… (   )
    ② 내 짝 철이는 마음씨가 곱고 친절하다. … (   )

(2) ① 텔레비전에 대하여 …………………………… (   )
    ② 텔레비전은 유익한 프로그램만을 선택해서 보자.
       …………………………………………………… (   )

(3) ① 한글 …………………………………………… (   )
    ② 한글은 배우기 쉬운 소리 글자이다. ……… (   )

(4) ① 자연 보호 …………………………………… (   )
    ② 쓰레기를 분리해서 버리자. ………………… (   )

(5) ① 남을 위해 봉사하자. ……………………… (   )
    ② 외로운 할머니들의 말벗이 되자. ………… (   )

(6) ① 규칙적으로 달리기 운동을 하여 몸을 튼튼히 하자.
       …………………………………………………… (   )
    ② 건강한 생활을 하자. ……………………… (   )

(7) ① 라디오와 텔레비전의 차이점 ……………… (   )
    ② 라디오와 텔레비전 …………………………… (   )

2. 다음 글을 읽고, 아래의 칸에 내용을 적어 보자.

> 　내 짝 미영이의 얼굴은 잘 생긴 편은 아니다. 코도 주먹코에다 눈 밑에는 커다란 점도 있다. 그래서 처음 짝으로 정해졌을 때에는 무척 싫어했다. 심지어는 선생님께 살짝 찾아가서 짝을 바꾸어 달라는 말까지 했었다.
> 　그런데 사귀고 보니, 아주 마음이 착하고 친절한 아이다. 아이들이 청소를 하다 힘들어하면 얼른 다가와 청소를 거들어 주기도 하고, 모르는 문제가 있으면 마치 선생님처럼 자상하고 알기 쉽게 설명도 해 준다. 공부도 잘 하고, 마음씨도 착한 미영이가 짝이 된 것이 지금은 얼마나 좋은지 모른다.
> 　사람을 겉모양만 가지고 '좋다, 나쁘다'라고 판단하는 것은 아주 잘못된 생각이라는 것을 깨달았다.

(1) 이 글에서 글쓴이의 중심 생각이 담겨 있는 문장을 찾아 쓰시오.

_____

_____

(2) 글쓴이는 처음에 친구 미영이에 대해 어떻게 생각했는가?

_____

_____

_____

(3) 미영이에 대한 글쓴이의 생각이 바뀌게 된 동기는 무엇인가?

_____

_____

_____

_____

3. 다음의 칸에 자기 친구에 대하여 자세히 써 보자.

이 름		
성 격		
생 김		
버 릇		
느낀 점		
사귄 때		

4. 위의 표의 내용을 연결하여 친구에 대하여 자세히 써 보자.

7. 사자왕과 토끼의 계략

 옛날이나 지금이나 숲 속 짐승 가운데 왕은 역시 사자입니다. 사자가 한 번 '으르렁' 소리를 내면 모든 짐승들은 꼼짝을 못 했습니다. 숲 속 짐승 나라의 아침은 이 사자에게 문안 인사를 하는 것으로 시작됩니다.
 어느 날 아침, 토끼 한 마리가 게으름을 피우고 있었습니다. 모든 짐승들이 사자왕에게 아침 문안 인사를 하러 가는데도 풀밭에 앉아 아침을 먹느라 정신이 없었습니다. 토끼는 '매일 아침 사자왕에게 똑같은 인사를 반복해서 해야만 하나?' 하는 생각이 들었습니다. 오늘 아침에도 토끼의 마음 속에서는 갈등이 생겼습니다.
 "아이구, 그 지겨운 아침 인사를 또 가야만 하나?"
 그래서 다른 친구들의 생각을 물어 보았습니다.
 "그야 어쩌겠어. 사자왕은 누가 뭐래도 이 숲 속의 왕인데, 우리가 이 숲 속에서 편히 살려면 잘 보여야 하는 건 당연한 일 아니겠어?"

"물론, 그걸 모르는 건 아냐. 하지만 왠지 마음이 내키지 않아."

"그래도 잘 생각해 봐. 공연히 긁어 부스럼 만들지 말고."

그 날 아침 토끼는 사자왕에게 아침 인사를 드리러 가지 않았습니다. 사자왕이 그 일을 모를 까닭이 없지요. 사자왕은 정말 머리가 영리하였습니다.

토끼는 아침 내내 풀밭에서 뒹굴고 노느라 시간 가는 줄 몰랐습니다. 그런데 갑자기 어디서 큰 소리가 들려 왔습니다. 그 소리는 마치 천둥 소리와도 같았습니다.

"이놈, 네 놈이 감히 내게 아침 문안 인사를 못 하겠다고?"

뒤돌아 보니 사자왕이 화가 나서 이 쪽을 노려보며 서 있었습니다. 토끼는 온몸이 와들와들 떨렸습니다. 두려워서 고개도 들 수가 없었습니다. 간신히 용기를 내어 말했습니다.

"사자 임금님, 제가 죽을 죄를 짓고 말았습니다. 사실은 제가 오늘 아침 일찍 일어나 임금님께 문안 인사를 드리러 갔었습니다. 그런데 가는 길에 일이 생겼지 뭡니까."

"무슨 거짓말을 하려고 수작이야?"

토끼는 사자왕의 비위를 맞추기 위해 온갖 말을 꾸며 대며 말했습니다.

"사자 임금님, 제 말을 믿어 주십시오. 이 일을 그냥 두었다가는 큰일납니다. 사자 임금님의 자리를 넘보는 놈이 있습니다. 저희 같이 힘없는 짐승들을 협박해서 제 편으로 하나씩 둘씩 끌어들여 세력을 넓히려는 자가 있습니다."

"그게 무슨 소리야? 내 자리를 넘보는 놈이 있다니. 조금이라도 허튼 소리를 했다가는 넌 쥐도 새도 모르게 죽을 줄 알아."

사자왕의 얼굴은 붉으락푸르락하였습니다.

"그놈이 누구인지 어서 말을 해 봐."

토끼가 교묘하게 말을 꾸며 댔습니다.

"사자 임금님, 그게 사실은 저기 호숫가에 살고 있는 물귀신입니다."

"그놈이 네게 무어라고 협박을 하던?"

"사자 임금은 늙고 힘이 없어 이제 곧 죽을 목숨이니까 자기한테 잘 하라고 하였습니다. 그리고 지금 자기 밑에는 힘센 부하들이 많이 있어 자기가 곧 이 숲 속 나라의 임금이 될 거라고 말했습니다."

"에잇, 발칙한 놈 같으니."

사자왕이 이를 갈며 말했습니다.

"이 세상에 감히 내게 반역을 하는 놈이 있다니. 이놈을 당장 잡아다 목을 매달아 죽이고 말겠다. 그놈이 있는 곳을 당장 안내하라."

일이 이렇게까지 되자 토끼 자신도 당황스러웠습니다. 그렇다고 이제 와서 아니라고 말할 수는 없었습니다.

'할 수 없지. 이제 와서 물러설 수도 없고.'

토끼는 한 발 앞서가며 사자왕에게 길을 안내하였습니

다. 길을 빙빙 돌고 돌아 마침내 호숫물이 내려다보이는 높은 바위 꼭대기로 올라왔습니다.

"바로, 이 자리입니다. 제가 아침에 그 물귀신을 만났던 곳이 말입니다."

사자왕도 토끼도 모두 숨을 몰아쉬었습니다. 더구나 사자왕은 자신이 한낱 물귀신에게 얕보였다는 사실이 화가 나서 견딜 수가 없었습니다. 생각할수록 자존심이 상했습니다. 토끼가 장소를 말해 주자 사자왕은 사방을 두리번거리며 물귀신을 찾았습니다. 그러자 바위 아래 절벽에 머리털 갈귀가 험상궂게 뻗쳐 있는 그림자가 보였습니다.

토끼가 소리를 쳤습니다.

"앗, 바로 저기 있습니다. 임금님!"

그러자 사자왕이 외쳤습니다.

"옳지, 이놈 잘 만났다. 어흥―."

사자왕은 앞뒤 생각할 겨를이 없이 냅다 물 속으로 뛰어들었습니다. 물에 빠진 사자는 한동안 허우적거리다가 물 속으로 가라앉았습니다.

1. 이 이야기에서 토끼는 자신의 목숨을 어떻게 구하였습니까?

   _____
   _____
   _____
   _____
   _____

2. 토끼의 입장을 속담으로 나타낼 때 가장 알맞은 것은 어느 것입니까? (   )
   ① 쥐구멍에도 볕들 날 있다.
   ② 호랑이에게 잡혀 가도 정신만 차리면 산다.
   ③ 호랑이 없는 굴에 토끼가 왕이다.
   ④ 죄는 죄대로 간다.
   ⑤ 오르지 못할 나무는 쳐다보지도 마라.

개요짜기(1)

★ 개요란 무엇인가?

'개요'란 쓰고자 하는 글감을 가지고 처음, 중간, 끝을 어떤 순서로, 어떤 내용을 담아 글을 쓸 것인지를 한눈에 알아볼 수 있도록 정리한 것을 말한다. 그리고 이를 표로 만든 것을 개요표라고 한다.

개요는 되도록 자세하게 쓰는 것이 실제로 글을 쓸 때에 편리하다. 개요를 만들지 않고 직접 글쓰기를 하다 보면 쓰고자 하는 글의 내용이 명확히 드러나지 않거나 쓸데없는 말이 끼여들 염려가 있다.

1. 다음 글을 읽고 중심 글감을 각각 말해 보자.

> (가) 오래 전부터 가지고 싶었던 자전거를 선물로 받았다. 너무나 기뻐서 저녁에는 잠도 오지 않았다.
> (나) 내 자신이 먼저 좋은 친구가 되어 함께 정을 나눌 수 있는 참다운 친구를 사귀고 싶다.

(1) (가)글의 중심 글감 : _____

(2) (나)글의 중심 글감 : _____

2. 다음은 '자전거'라는 제목으로 글을 쓰기 위해 모은 뒷받침 내용들이다. 필요 없는 항목을 찾아보자.

① 나는 자전거가 몹시 가지고 싶다.
② 자전거를 타는 친구들을 보면 부럽다.
③ 아버지는 성격이 조용하시고 언제나 독서를 즐겨하신다.
④ 아버지께 자전거를 사 달라고 졸랐다.
⑤ 아버지는 가을 농사가 잘 되면 사 주시겠다고 약속하셨다.
⑥ 자전거 타는 꿈을 꾸기도 한다.
⑦ 아버지를 따라 자전거 가게에 갔다.
⑧ 동생을 잘 돌보아 주어야겠다고 다짐하였다.
⑧ 자전거를 선물로 받아 너무나 행복하다.
⑨ 아버지는 넘어지지 않도록 뒤에서 자전거를 붙잡아 주셨다.

★ 필요 없는 항목 : _____

3. 2번 문제에 제시한 내용을 가지고 글의 내용이 자연스럽게 펼쳐지도록 순서에 맞추어 번호를 쓰시오.

　★ 글의 순서 : _____

4. 이 글감을 가지고 시간의 순서에 따라 글을 쓸 때 맨 앞에 올 내용으로 알맞은 것은? (　　)

① 아버지를 따라 자전거 가게를 갔다.
② 동생을 잘 돌보아 주어야겠다고 다짐하였다.
③ 자전거를 선물로 받아 너무나 행복하다.
④ 나는 서툴지만 자전거를 열심히 탔다.
⑤ 아버지께서 자전거가 넘어지지 않도록 잡아 주셨다.

5. 다음은 '자전거' 라는 제목의 글이다. 읽고 물음에 답해 보자.

　　나는 자전거가 무척 가지고 싶었다. 친구들이 자전거를 타고 넓은 학교 운동장을 돌 때면 '나도 저렇게 자전거를 타 보았으면' 하고 부러워하였다. 그런 날이면 으레 집에 돌아와 아버지를 졸랐다. 아버지는 그 때마다 올 가을에는 꼭 사 주마고 약속을 하셨다. 하지만 그 가을이 지금 몇 번 흘러갔는지 모른다. 아버지의 취미는 꽃가꾸는 일이다. 그래서 틈만 나면 언제나 화단에서 꽃을 돌보신다. 그런데 지난 일요일이었다. 뜻밖에도 아버지께서 자전거 가게를 함께 가자고 부르셨다. 나는 뛸 듯이 기뻤다.

　자전거 가게에는 갖가지 크고 작은 멋진 자전거들이 많이 있었다. 나는 그 중에서 빨간 안장에 바퀴에는 예쁜 무늬가 새겨진 자전거를 골랐다. 집으로 돌아오는 길에 아버지는 자전거 타는 법을 가르쳐 주셨다. 거리에는 차들이 많아 타기가 불편했다. 몇 번 넘어지기도 했지만 금방 균형을 잡고 일어설 수가 있었다. 정말 신기하고 재미있었다. 동네 친구들에게 자랑하고 싶었다. 빨리 많이 연습을 해서 넓은 학교 운동장을 쌩쌩 달리고 싶다. 이제 동생과도 싸우지 말고 사이좋게 지내야겠다. 자전거를 타고 동네를 한 바퀴 돌고 나니 땀도 나고 무척이나 행복하였다. 나는 다시 한 번 아버지께 "고맙습니다." 하고 큰 소리로 인사를 드렸다.

★ 위 글에서 주제와 거리가 먼 문장을 찾아 쓰시오.

8. 토끼와 거북이의 여행

　어느 날 토끼와 거북이가 단둘이 여행을 떠나게 되었습니다. 거북이는 여행을 떠나기 전부터 준비를 부산스럽게 하였습니다. 마치 살림을 옮기기라도 하는 것처럼 이것 저것 짊어지고 갈 양식 꾸러미를 아주 많이 준비했습니다. 이 모습을 보고 토끼가 말했습니다.
　"거북아, 우리는 이틀이면 다시 집으로 돌아오는 거야. 그런데 웬 짐보따리를 그렇게 많이 싸니?"
　"그래도 굶고 다닐 수는 없지 않니? 배고파 봐라. 다른 토끼들이라면 몰라도 특히 넌 못 견딜걸?"
　"길을 가다 보면 대충 먹을 게 생기지 않겠니? 산 입에 거미줄 치지 않는다고 했잖아."
　"넌 뭘 믿고 그렇게 태평스러운 말을 하는지 모르겠다. 아무튼 그건 네 마음이니까 네가 알아서 해. 난 내 몫만 준비할 테니까."
　"걱정 마. 난 편리하게 살기로 했어. 닥치지 않은 일을

미리 걱정할 필요는 없잖아. 난 앞일까지 그렇게 걱정하며 사는 건 정말 딱 질색이야."

"알았어. 하지만 나중에 나한테 아쉬운 소리 하지 않기다."

"아쉬운 소리라니? 내가 언제 너한테 아쉬운 부탁을 했다고. 쓸데없는 걱정 말고 네 일이나 잘 해."

이튿날 토끼와 거북이는 아침 일찍 여행을 떠났습니다. 날씨는 무덥고 햇볕이 쨍쨍 내리쬐어 길을 걷기가 몹시 힘들었습니다. 조금만 걸어도 땀이 비오듯 쏟아졌습니다.

이윽고 점심때가 되었습니다. 토끼와 거북이는 나무 그늘 밑에 앉아 점심을 먹었습니다. 토끼는 가져온 약간의 도시락을 금방 먹어 치웠습니다. 그래서 짐보따리 없이 홀가분하게 걸어갔습니다. 하지만 거북이는 여러 개의 작은 보퉁이들이 가방 속에 아직도 많이 들어 있었습니다. 그것은 여행에서 돌아올 때까지 먹을 분량을 정해서 한 끼에 하나씩 꺼내 먹을 수 있도록 나누어 담아 놓은 것입니다.

"아, 정말 기분 좋다. 이렇게 가뿐히 걸어가니."

토끼는 기분이 아주 상쾌해서 저만치 앞장서서 걸어갔습니다. 마치 낑낑대며 걸어가는 거북이를 비웃기라도 하는 듯이. 이윽고 해도 기울고 저녁때가 되었습니다. 거북이가 말했습니다.

"해도 지고 날도 조금 있으면 어두워질 테니 여기서 저녁을 먹고 쉬어 가는 게 좋겠다."

"아무래도 그래야겠군."

토끼와 거북이는 쉴 만한 장소를 찾아 자리를 잡았습니다. 거북이가 토끼에게 말했습니다.

"저녁을 먹읍시다. 자, 내 저녁 준비는 다 되었는데, 토끼 자네는 어떻게 할 셈인가?"

"자네 먼저 먹게. 난 먹을 걸 좀 구하러 한 바퀴 돌아보고 오겠네."

토끼가 먹을 것을 찾으러 간 사이 거북이는 혼자 도시락을 꺼내 먹고 편히 누워 쉬고 있었습니다. 얼마 후, 토끼가 돌아왔습니다. 토끼의 손에는 아무것도 들려 있지 않았습니다.

"어떻게 된 일인가? 아무것도 먹을 만한 게 없던가?"

토끼는 아무 말도 하지 않았습니다. 토끼는 몹시 지쳐 있었습니다. 배도 고픈데다가, 오랫동안 먹을 것을 찾느라 헛수고만 하고 돌아온 때문입니다. 토끼가 다시 물었습니다.

"저녁은 뭘 먹었나?"

"응, 간단히 먹었지."

사실, 뱃속에서는 꼬르륵 소리가 날 만큼 배가 고팠지만 토끼는 거북이에게 배가 고프니 먹을 것을 달라고 차마 부탁할 수가 없었습니다. 자존심이 허락하지 않았습니다. 그래서 그냥 잠이나 자야겠다고 생각했습니다.

이튿날, 다시 날이 밝았습니다. 거북이는 가방을 부스럭거리며 아침을 챙겨 먹었습니다. 하지만 토끼는 샘물에 머리를 박고 물만 벌컥벌컥 마셨습니다. 엊저녁에도 물만 마신 것이 고작이었습니다. 아무리 물을 마셔도 배는 여전히 고팠습니다. 거북이가 맛있게 밥을 먹는 것을 보니 더 이상 참을 수가 없었습니다. 할 수 없이 거북이에게 말했습니다.

"거북아, 미안하지만 나 먹을 것 조금만 주렴."

"나더러 미련스럽게 먹을 걸 그렇게 많이 싸느냐고 핀잔을 주더니."

"미안해. 그 때는 내가 이렇게 될 줄 몰랐지."

"나도 미안하지만 줄 수가 없네. 집에 돌아갈 때까지는 여유가 없겠는걸."

거북이는 아주 냉정하게 말했습니다. 마치 지금까지 토끼에게 당해 왔던 많고많은 일들을 복수라도 하는 듯이 말이지요. 다시 토끼가 사과를 한 뒤에야 거북이가 말했습니다.

"네가 그렇게 말하니까 나도 도리가 없구나. 친구 사이에 네가 배고픈 걸 모른 척할 수도 없고."

거북이가 먹을 것을 건네 주었습니다. 토끼는 얼마나 배가 고팠던지 게눈 감추듯 금세 먹어 치웠습니다.

거북이가 볼멘 소리로 말했습니다.

"그걸 한꺼번에 다 먹어 버리면 어떻게 하려고 그러니? 그건 내가 두 끼에 나눠 먹을 분량인데."

"난 그만 너무 배가 고파서……."

토끼는 변명을 했습니다. 둘이는 여행을 계속하였습니다. 그런데 그 날 저녁에 일이 생기고 말았습니다. 잠을 자다 그만 거북이가 사냥꾼에게 잡히고 만 것입니다. 토끼는 잠귀가 밝아 발자국 소리를 듣고 몸을 피했습니다. 그래서 목숨은 건졌습니다. 거북이는 큰 자루에 담겨 사냥꾼집 식탁 위에 놓여졌습니다. 아이들이 거북이를 보고 즐거워하였습니다. 사냥꾼이 부인에게 말했습니다.

"여보, 오늘 저녁은 저 거북이를 가지고 맛있게 요리

를 해 먹읍시다."

그러자 아이들이 말했습니다.

"아빠, 안 돼요. 이 귀여운 거북이는 우리들하고 놀게 그냥 살려 두세요."

아이들이 졸라 대자 사냥꾼은 마지못해 아이들 의견을 따르기로 하였습니다. 아이들은 거북이에게 맛있는 음식을 가져다 주고 늦도록 함께 놀았습니다. 멀찍이서 이런 광경을 지켜 보고 있던 토끼는 거북이가 부러워졌습니다. 밤이 깊어지자 아이들은 거북이가 도망가지 못하도록 나무에 매어 놓고 잠자리로 갔습니다. 아이들이 집 안으로 들어간 뒤, 토끼가 거북이에게로 다가왔습니다.

"거북아, 내가 널 풀어 줄게. 대신 날 묶어 주렴."

"왜? 여기서 빨리 도망쳐야 해."

"아니야, 그냥 날 묶어 줘."

밧줄에서 풀려난 거북이는 토끼가 해 달라는 대로 토끼를 밧줄로 묶었습니다. 그리고는 얼른 그 자리를 피했습니다.

이튿날 아이들이 밖에 나와 보니 거북이는 온데간데 없고 웬 토끼 한 마리가 밧줄로 묶인 채 나무에 매달려 있었습니다.

"아빠, 거북이가 없어졌어요."

아이들의 고함 소리에 사냥꾼이 집 밖으로 나왔습니다. 거북이가 있어야 할 곳에 거북이는 없었습니다. 아이들은 거북이가 사라진 것이 못내 아쉬운 표정이었습니다.

토끼는 '이제 사람들이 어젯밤 거북이에게 주었던 맛있는 음식을 가져오겠지.' 하고 침을 꼴깍 삼켰습니다.

"아빠, 거북이 어디로 갔어요? 그 거북이가 난 좋은데."

"얘들아, 대신 이렇게 토끼가 있지 않니?"

"아빠, 나는 토끼가 싫어요. 그러니까 아빠 마음대로 하세요."

"그래, 그러면 우리 오늘 아침에 맛있는 토끼 요리나 해서 먹을까?"

듣고 있던 토끼는 까무라칠 것만 같았습니다. 밧줄을 풀고 도망치려 했지만 때는 이미 늦고 말았습니다.

1. 거북이의 생활 태도를 통해 우리가 본받을 점은 무엇입니까?

   _____
   _____
   _____
   _____
   _____
   _____

2. 이 글에서 엿볼 수 있는 토끼의 성격은? (　　)
   ① 미련하고 어리석다.
   ② 게으르고 계획성이 없다.
   ③ 희생 정신이 강하다.
   ④ 욕심이 많고 이기적이다.
   ⑤ 남을 얕보는 교만함이 있다.

3. 이 이야기에서 토끼가 거북이에게 자신을 밧줄로 묶어 나무에 매달아 달라고 부탁한 까닭은 무엇입니까?
_____
_____
_____

4. 토끼와 같은 경우를 두고 말할 때에 알맞은 속담은 어느 것입니까? (   )

① 방귀 뀐 놈이 화낸다.
② 제 꾀에 제가 넘어간다.
③ 열 길 물 속은 알아도 한 길 사람 속은 모른다.
④ 열 손가락 깨물어 안 아픈 손가락 없다.
⑤ 죄는 죄대로 간다.

5. '게눈 감추듯' 이란 말의 뜻은? (   )

① 서로 가까운 사람끼리 어울림
② 너무 적어서 먹으나 마나 하다.
③ 어떤 일을 하려면 반드시 준비가 필요하다는 뜻
④ 음식을 빨리 먹는다.
⑤ 감쪽같이 시침을 뗀다.

개요짜기(2)

1. '교통 질서를 지키자'를 중심 내용으로 하여 글을 쓰려고 한다. 중심 내용을 뒷받침하는 내용으로 가장 알맞은 것은? (　　)
   ① 자동차의 매연을 줄여 공기를 깨끗이 하자.
   ② 교통 신호를 잘 지켜 사고를 예방하자.
   ③ 어린이를 잘 보호하자.
   ④ 노인에게 자리를 양보하자.

2. '좋은 습관을 기르자'라는 제목으로 글을 쓰려고 한다. 글의 처음 부분에서 다룰 내용으로 가장 알맞은 것은? (　　)
   ① 습관은 고치기가 어렵다.
   ② 습관에는 좋은 습관과 나쁜 습관이 있다.
   ③ 성격과 습관은 밀접한 관계가 있다.
   ④ 좋은 습관을 길러 훌륭한 사람이 되자.

3. 다음 내용의 중심 내용으로 가장 알맞은 말을 써 보자.

- 신체를 움직이기가 불편한 사람들은 도움이 필요하다.
- 신체가 불편한 사람들도 행복하고 떳떳하게 살아갈 권리가 있다.
- 그들을 따뜻이 돌보는 사회가 이루어질 때 우리 사회는 한층 명랑하고 아름다운 사회가 될 것이다.

_____
_____
_____

4. 다음 글을 읽고 개요표의 빈 칸을 채워 보자.

옛날 에스파냐에 페르디난드라는 이름을 가진 송아지가 있었습니다. 다른 송아지들은 뛰어다니며 놀았습니다마는, 이 페르디난드만은 언제나 혼자서 풀밭에 조용히 엎드려 꽃에서 풍기는 향기 맡기를 좋아했습니다.

이렇게 하여, 송아지는 황소가 될 때까지 꽃에서 꽃으로 옮겨 다녔습니다. 어느 날, 꽃 향기를 맡고 있을 때, 벌 한 마리가 페르디난드의 코를 되게 쏘았습니다. 페르디난드는 깜짝 놀라 껑충 몸을 솟구쳐 뛰었습니다.

이 때에 마침 투우에 쓸 사나운 소를 고르려고 다니던 투우사들이 이 광경을 보고,

"이거 참 굉장히 사나운 소로구나."

하면서, 그 소를 사 가지고 갔습니다. 수만 명 군중이 사나운 소 페르디난드와 투우사와의 싸움을 보러 투우장에 몰려들었습니다.

마침내 넓은 투우장에 페르디난드를 놓았습니다. 오래 갇혔던 이 황소는 쏜살같이 마당 한가운데로 달려 나갔습니다. 마당 가운데에 있는 잡초 속에 조그만 꽃 한 송이가 피어 있었던 것입니다.

제 목	송아지 페르디난드의 투우장 여행
중심 내용	
구상 내용	1. 송아지 페르디난드가 좋아하는 것 2. ( ) 3. ( ) 4. 페르디난드의 엉뚱한 행동

5. 다음 개요표의 (   ) 안에 알맞은 말을 쓰시오.

제 목	우리 농산물 애용의 필요성
중심 내용	우리 농산물을 애용하자.
구상 내용	처음 : 1. 외국 농산물이 범람하고 있다. 중간 : 2. ( ) ① 우리 농산물이 우리 체질에 맞는다. ② 우리 농산물은 신선하다. ③ 외국 농산물에는 몸에 해로운 약품이 많이 묻어 있다. ④ 우리 농민들에게 일할 의욕을 심어 주어야 한다. ⑤ 외화 낭비를 줄여 나라 경제를 부강시켜야 한다. 끝 : 3. 우리 농산물을 많이 애용하자.

  9. 거짓말 겨루기

　어느 마을에 돈 많은 부자가 살았습니다. 모든 것이 넉넉하다 보니 심심해서 장난이 하고 싶었습니다. 그래서 무슨 놀이를 하면 재미가 있을까 하고 궁리를 했습니다. 궁리를 하던 끝에 어느 날 좋은 생각이 떠올랐습니다.
　'옳지, 거짓말 대회를 해 보면 재미있겠다.'
　부자는 심부름하는 하인을 시켜 소문을 내도록 했습니다.
　"김 부자 영감이 내기 거짓말 대회를 한답니다. 거짓말을 하는데, 김 부자 영감을 세 번 속여 넘기면 김 부자 영감이 천 냥을 내놓는답니다. 그러니 대단한 거짓말 겨루기 대회가 아닙니까?"
　"거짓말 대회라고? 별 희한한 대회도 다 있군. 하지만 그것 참 재미있겠는데."
　"재미가 있다뿐인가. 상금이 천 냥이라는데 그 돈이

어디 적은 돈인가."

"물론이지. 우리 같은 상것들한테 천 냥이라면 그림의 떡이 아닌가. 그거 한 번 해 볼 만하겠는데?"

소문을 들은 사람들은 저마다 호기심을 갖고 도전해 보기로 결심을 하였습니다. 매일같이 부자집 대문 앞에는 이 고을 저 고을에서 사람들이 몰려들었습니다. 거짓말로 돈을 벌기 위해서입니다.

거짓말을 하는 사람이나 거짓말을 듣는 사람이나 모두들 심각했습니다.

사람들은 거짓말을 열심히 하면서 부자가 자기 말에 속아 넘어가도록 온갖 꾀를 부렸습니다. 그러나 거짓말을 다 듣고 난 부자의 입에서는 한결같이 똑같은 소리가 나왔습니다.

"그렇지, 그런 일이 있었지."

수없이 많은 사람들이 다녀갔지만 아무도 부자 영감의 입에서

"그런 거짓말이 어디 있나?"

하는 말이 나오도록 능수능란하게 거짓말을 한 사람은 한 명도 없었습니다. 이제 부자 영감은 거짓말이 재미가 없었습니다.

사람들은 거짓말을 열심히 하면서 부자가 자기 말에 속아 넘어가도록 온갖 꾀를 부렸습니다. 그러나 거짓말을 다 듣고 난 부자의 입에서는 언제나 똑같은 말이 나왔습니다.

"옳아, 그런 일이 있었지."

이렇게 태연스럽게 맞장구를 치니 지금까지 열심히 한 말들은 모두 참말이 되어 버렸습니다. 혹시라도 영감의 입에서,

"그런 일이 어떻게 있을 수 있느냐?"

하고 호통이라도 나오길 기대하였던 거짓말꾼들은 모두들 고개를 절레절레 흔들며 집을 나왔습니다.

"햐! 그 영감 도무지 속아 넘어가질 않네."

한동안 많은 사람들이 다녀갔지만 아무도 부자 영감을 당해 내지 못했습니다.

"아니, 거짓말 하는 재주를 가진 사람이 이렇게도 없어?"

부자 영감은 이제는 사람을 만나는 일도 시큰둥하였습니다. 그러던 어느 날이었습니다. 키도 작달막하고 볼품도 없이 생긴 웬 총각이 하나 찾아왔습니다.

"이 댁에서 천 냥 내기 거짓말을 한다는 말을 듣고 찾아왔습니다."

부자 영감은 그 동안의 거짓말 이야기들이 너무나 재미없고 싱거웠던 터라 그다지 마음이 내키지 않았습니다. 하지만 이미 말을 내놓았던 터라 한 번 들어 보기로 하였습니다.

"그럼, 어디 시작해 보게나."

총각이 말을 꺼냈습니다.

"보아 하니 영감님 댁도 참 살기가 괜찮으신 것 같습니다. 그런데 한 가지 여쭤 보겠습니다. 영감님도 고기

를 많이 드시지요?"

"그렇다네."

"믿기 어려우실 테지만 저는 사실 꼴이 요렇게 생기기는 했을망정 고기는 물리도록 먹고 삽니다. 어디 그뿐입니까. 지금은 제가 일부러 이런 옷차림새로 왔습니다마는 매일매일 아주 호강하며 살고 있습니다."

부자 영감은 시골 총각의 허름한 차림새와 말하는 품새를 보고 어이가 없었습니다.

'고깃국을 매일 먹고 호강한다는 녀석이 그래 얼굴이

그렇게 꺼칠하냐?'

부자는 거짓말인 줄 알면서도 천 냥을 잃지 않으려고

"그래, 그런 것 같군."

하고 말장단을 맞추어 주었습니다. 총각도 부자를 골려 주기 위해 계속 그럴 듯한 거짓말을 하였습니다.

"송아지를 사다가 튼튼한 작은 쇠상자 안에 넣어 두고 매일매일 먹이를 많이 먹였죠. 먹고 자고 먹고 자고 하다 보니 송아지가 살이 투실투실해지더라구요. 그러더니 나중에는 쇠창살 밖으로 살이 삐죽삐죽 삐져 나오잖아요. 그래서 숫돌에 칼날을 날카롭게 갈아서 송아지의 살을 한 끼 먹을 만큼 베어 내었죠. 또 하루 자고 일어나니 송아지 살이 그 새 또 쇠창살 밖으로 삐죽이 나오겠죠. 그래서 어제는 쇠고기국을 끓여 먹고, 오늘은 구워 먹고 매일매일 입맛대로 먹고 산답니다. 고기가 남아 돌 때는 팔아서 돈을 벌기도 하죠."

처음에는 부자 영감도 "그렇지, 그렇지." 하고 장단을 맞추었습니다. 그런데 가만히 듣고 보니 이건 정말 말이 되질 않았습니다. 너무 어이없는 엉터리말에 부아가 치밀어 오른 영감은 자기도 모르게 소리를 질렀습니다.

"이 사람아, 그런 허무맹랑한 말이 어디 있나?"

부자 영감이 젊은이에게 냅다 소리를 지르자 젊은 총각이 말했습니다.

"영감님, 제가 한 번 이겼습니다."

하고 능청을 떨었습니다. 영감은 이번에는 절대 실수를 하지 않으리라 다짐하면서 그 다음 이야기를 하라고 했습니다.

"솔직히 말씀드리자면 제가 어렸을 때 글공부를 게을리해서 글을 잘 읽지 못했지요."

"그랬지."

"그런데 그 때 영감님이 제게 글을 가르쳐 주시면서 열심히 글공부를 하면, '이 다음에 크면 내 딸과 혼인을 시켜 주마.' 하셨지요. 그래서 열심히 공부를 하다 보니 이제는 글을 잘 읽게 되었습니다. 그게 다 영감님 덕분이지요. 이제 저도 장가갈 때가 되었으니 약속하신 대로 따님을 주십시오."

하고 말하는 것이었습니다. 영감은 어이가 없었습니다. 제놈이 내게 글공부를 배웠다는 얘기며, 딸과 혼인시켜 주기로 약속했다는 것이 거짓인 줄은 알지만 만일 "그런 일이 없었다."라고 말을 하면 돈 천 냥을 고스란히 빼앗길 테고, "그런 일이 있었지." 하고 말을 했다가는 외동

딸을 보잘것 없는 거렁뱅이 시골 촌놈에게 시집보낼 수 밖에 없게 되는 것입니다. 영감은 너무나 화가 나서 젊은 이에게 호통을 쳤습니다.

"이 날강도놈아. 내가 언제 네놈에게 그런 말을 했느냐?"

"네, 영감님. 그래서 이번에도 제가 이긴 겁니다."

영감은 '이 녀석 정말 속임수가 여간 아니구나.' 하고 생각했습니다. 그리고는 이번에는 바짝 정신을 차려야겠다고 생각했습니다. 젊은이가 다시 말을 꺼냈습니다.

"제가 젊었을 때 전국 각처를 다니며 장사를 했었지요."

영감은 속으로 코방귀를 뀌었습니다.

'나이도 몇 살 되지 않은 놈이 젊었을 때라니.'

그래도 천 냥이 걸려 있는 내기이니까 꾹 참고 말했습니다.

"그랬지."

"그 당시 제가 산길을 넘다가 바위 틈에서 대추가 주렁주렁 달린 대추나무를 발견한 일이 있었지요."

"그랬지."

"대추는 많이 열렸는데 바위 틈 끝에 있길래 저걸 어

떻게 딸까 하다가 지고 가던 고춧가루 세 가마니를 바위 틈에 부었지요."
"그랬지."
"그런데 갑자기 재채기가 나는데 '후두둑후두둑' 하고 뭐가 떨어지는 소리가 나더라구요. 뭔가 하고 보니까 글쎄 주먹만한 대추가 아니겠습니까?"
"그랬지."
"거기서 곧바로 대추 수십 가마를 싸들고 한양으로 갔지요. 그 해 얼마나 또 대추 흉년이었습니까? 임금님 약에 쓰려고 해도 대추를 구하지 못해 절절매던 때가 아닙니까? 그 때 대추 한 가마에 천 냥씩 했었죠?"
"그랬지. 나도 그 때 비싸게 대추를 산 적이 있지."
"영감님 그 때 제게 대추 세 가마를 외상으로 가져가지 않았습니까? 세 가마니까 삼 천 냥이네요. 영감님, 오늘 그 외상값을 무슨 일이 있어도 주셔야겠습니다."
얘기를 맞장구치다 보니 영감은 여지없이 돈 천 냥을 잃게 되고 말았지 뭡니까. 돈 삼 천 냥을 잃는 것보다는 그래도 천 냥을 주는 편이 낫겠다는 생각이 들었습니다.
"그랬지, 그랬지." 하다 보니 결국은 이러지도 못하고 저러지도 못할 함정에 빠진 것이지요.

읽고 생각 키우기

1. 부자 영감은 시골 총각에게 돈 천 냥을 잃든지 아니면 삼 천 냥을 고스란히 내 주어야 할 처지에 놓이게 되었습니다. 이처럼 이러지도 못하고 저러지도 못하는 상황을 나타내기에 알맞은 말은 어느 것인가? (   )

   ① 좌충우돌 　　② 진퇴양난
   ③ 동문서답 　　④ 다다익선
   ⑤ 사면초가

2. 이처럼 이러지도 저러지도 못하는 상황에 빠진 경우를 당해 본 경험을 한 가지 예로 들어 보자.

   _____
   _____
   _____
   _____

 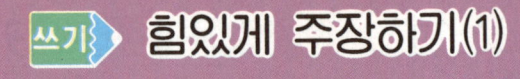

★ 주장을 힘있게 하려면 주장의 근거나 이유를 말하여야 한다.

1. 다음 글을 읽고 물음에 답하시오.

> (가) 교통 신호를 잘 지켜야 한다.
> (나) 교통의 혼잡을 막을 수 있다.
> (다) 교통 사고를 미리 막을 수 있다.
> (라) 밝고 명랑한 거리가 된다.
> (마) 사람들이 안심하고 거리를 다닐 수 있다.
> (바) 빠르고 편리한 지하철을 많이 건설한다.

(1) (가)~(바) 중 주장을 나타낸 문장을 찾아 쓰시오.

(2) (가)~(바) 중 주장의 이유로서 알맞지 않은 문장을 찾아 쓰시오.

_____
_____

(3) 위의 주장의 근거가 될 만한 내용을 2개 이상 생각해 써 보시오.

_____
_____

2. 다음 글을 읽고 물음에 답하시오.

> 책을 읽으면 우리는 훌륭한 인물들을 만나게 됩니다. 성경책을 읽으면 예수님을 만날 수 있고, 위인전을 읽으면 그 시대를 살다 간 훌륭한 장군, 정치가, 독립 운동가, 학자들을 만날 수 있습니다.
> 위대한 인물과의 책을 통한 만남은 우리에게 깊은 감동을 줍니다. 그뿐만 아니라 정신의 성장을 도와 우리의 인격을 높여 줍니다.

(1) 글쓴이의 주장이 담겨 있는 문장을 찾아 쓰시오.
_____

(2) 글쓴이가 주장의 근거로 내세운 것은 무엇입니까?
_____

(3) 이 글의 제목으로 가장 알맞은 것은? (   )
① 좋은 책을 읽자.
② 책을 많이 읽자.
③ 훌륭한 사람들을 많이 만나자.
④ 책을 많이 읽어 인격을 높이자.

3 '바다 개발의 필요성'에 대하여 글을 쓰려고 한다. 그 이유로서 알맞지 않은 것은? (   )
① 바다에는 우리가 먹을 수 있는 각종 동식물이 많이 있다.
② 바다에는 각종 광물 자원이 많이 있다.
③ 바닷물을 이용하면 공해 없는 에너지를 얻을 수도 있다.
④ 바다는 교통의 중요한 역할을 한다.

4. 다음을 근거로 내세우기에 알맞은 주장을 써 보자.

   (가) 혼잡함을 피할 수 있다.
   (나) 먼저 온 사람이 먼저 일을 끝내는 것이 옳다.
   (다) 명랑한 분위기에서 일을 마칠 수 있어서 좋다.
   (라) 일을 효과적으로 진행할 수 있어서 좋다.

---

5. 다음 글을 읽고 물음에 답하시오.

   한글은 세계에서 둘도 없는 훌륭한 글자이다. 한글이 과학적이라는 것은 누구나 아는 사실이다. 그러나 우리 한글은 그 동안 너무나 천대를 받아 왔다. 조선 시대에는 사대주의에 물든 양반들로부터 천대를 받았고, 일제 시대에는 그 한글마저 잃을 뻔했다. 그런데 오늘날에도 여전히 한글은 제대로 대접을 받지 못하고 있다. 자기 나라말을 아끼고 사랑하는 민족은 영원히 번창하고, 자기 나라말을 천대하는 민족은 멸망함은 역사가 증명하고 있다. 그러므로 우리의 민족과 역사가 자손 만대 이어지기 위해서는 우리말을 아끼고 다듬어 써야 한다.

(1) 글쓴이의 주장이 들어 있는 문장을 찾아 쓰시오.

_____
_____
_____

(2) 글쓴이가 자기 주장을 힘있게 하기 위해서 내세운 근거는 무엇인지 찾아 쓰시오.

_____
_____
_____
_____

6. 다음과 같은 주장을 뒷받침할 수 있는 근거를 2가지 이상 쓰시오.

사람은 약속을 잘 지켜야 한다.

(1) _____
_____

(2) _____
_____

10. 아들을 파면시켜 주오

　김좌명은 조선 시대에 공조, 예조, 병조 판서를 두루 지낸 분입니다. 그는 인품도 훌륭하였지만 글씨 솜씨도 아주 뛰어나게 훌륭했습니다. 그에게는 주인 못지않게 아주 성실한 심부름꾼인 아전이 있었습니다. 그 아전의 이름은 최수입니다.

　최수는 어려서 아버지가 돌아가셨습니다. 그래서 그는 홀어머니의 손에서 어렵게 자랐습니다. 어머니 혼자 아들을 키우느라 그의 어머니는 다른 어머니보다 몇 배 고생도 많이 하였습니다. 남의 집에 가서 품도 팔았고, 밤을 새워 가며 삯바느질도 하였습니다. 그뿐이 아닙니다. 혹시라도 자식의 성격이 비뚤어지지나 않을까, 나쁜 친구들과 어울려 그릇된 길로 빠질까 보아 늘 노심초사하였습니다. 그래서 어머니는 자식의 앞날을 위해 늘 기도하는 마음으로 살았습니다. 틈이 날 때면 언제나 훌륭한 사람들의 이야기를 들려 주고 본받도록 교육을 시켰습니

다. 최수도 마음이 착해 어머니의 말을 다소곳하니 잘 들었습니다.

"넌 이 에미의 보람이기도 하지만 이 집안의 기둥이라는 것을 언제나 잊지 마라."

"네, 어머니. 전 잘 할 수 있어요. 그러니까 어머니도 건강을 살펴 가시면서 일을 하셔야 해요."

"원 녀석. 이 에미 걱정을 다하고. 기특도 하지. 에미는 네가 성실하고, 부지런하게 언제나 열심히 살려고 노력하는 착한 사람이 되기만 빈다."

"어머니, 그런 걱정일랑은 제발 꿈에도 하지 마세요. 어머니 아들인 제가 어떻게 감히 어머니의 소원을 잊겠어요."

"아이구, 내 아들. 이 에미는 정말 네가 자랑스럽구나. 너처럼 이렇게 마음 착한 아들을 두었으니 세상 어느 부자도 부럽지가 않아."

어머니와 아들은 늘 이렇게 서로를 아끼며 어렵지만 단란하게 살았습니다. 어머니의 지극한 정성과 보살핌으로 아들도 잘 자랐습니다. 아들 최수는 글공부도 열심히 하고 글씨도 꽤 잘 썼습니다.

일할 만한 나이가 되면서 최수는 김좌명의 심부름꾼으로 취직을 하였습니다. 성실하고 열심히 일하는 최수는 곧 주인인 김좌명의 마음에 들었습니다.

'요즘 젊은 사람 같지 않게 참 사람됨이 올바르군.'

김좌명은 이렇게 늘 마음 속으로 최수의 사람됨을 칭찬하면서 그를 지켜 보았습니다. 얼마 후, 김좌명은 호조 판서가 되었습니다. 호조 판서는 요즈음의 재무부 장관에 해당하는 직책입니다. 나라 살림을 맡다 보니 전보다 훨씬 할 일이 많아졌습니다. 김좌명은 자신이 신임하는 최수에게 아전의 직분을 맡겼습니다. 아전은 높은 벼슬은 아니지만 죄수는 열심히 일을 하였습니다.

그러던 어느 날이었습니다. 죄수의 어머니가 김좌명 판서를 찾아와 직접 뵙기를 청했습니다. 김 판서 앞에 당도한 죄수의 어머니가 갑자기 말도 꺼내기 전에 눈물을 흘렸습니다. 김 판서는 영문을 몰라 어리둥절하였습니다.

"여보게나, 이 무슨 일인가? 말을 하게."

"대감마님."

죄수의 어머니가 눈물을 억지로 참으며 말했습니다.

"대감마님, 대감마님께 어려운 청을 한 가지 부탁드리려고 이렇게 왔습니다. 대감마님, 부디 저를 용서해 주십시오."

"청이라니? 뭔지 한 번 말해 보게."

김 판서는 여전히 의아한 눈길로 죄수의 어머니를 바라보았습니다. 이윽고 마음을 진정한 죄수의 어머니가 말했습니다.

"대감마님, 대감마님의 은덕으로 저희 모자가 이렇게 편안히 잘 살게 되었습니다. 이제는 끼니 걱정도 잊고 살게 된 것이 모두가 대감마님의 은덕인 줄은 늘 잊지 않고 있습니다."

죄수의 어머니는 말을 계속 이었습니다.

"오늘 제가 대감마님께 부탁의 말씀을 드리고자 하는 것은 다름이 아니오라 제 아들놈을 파직시켜 주십사 하는 것입니다."

"아니, 이보게. 지금 뭐라고 말했는가?"

김 판서는 자신이 잘못 들은 것은 아닌가 하고 되물은 것입니다.

"대감마님, 제 아들놈을 파직시켜 주십시오."

김 판서는 눈이 뚱그래졌습니다. 지금껏 살아오면서 벼슬 자리 부탁은 수도 없이 받아 왔지만 이렇게 자식의 벼슬 자리를 파직시켜 달라는 부탁은 한 번도 받은 적이 없었기 때문입니다.

"아니, 그러면 자네 아들 수의 벼슬을 빼앗아 버리라는 말이지?"

"네, 그렇습니다. 대감마님."

대감은 그 사연이 너무나 궁금했습니다.

"그 부탁을 들어 주는 것은 그리 어려운 일은 아닐세. 하지만 그 이유가 뭔지 말해 줄 수 있겠는가?"

"대감마님, 제 아들놈은 일찍 아비를 여의고 이 미천한 에미 손에서 자랐습니다."

"그 내막은 잘 알고 있네."

"그 아들놈은 저의 보람이고 희망입니다. 아비 없이 자라 혹시라도 잘못되지 않을까 늘 조바심을 하면서 키워 왔습니다."

"옳지, 그 사람이 요새 사람답지 않게 예의도 바르고 성실해서 내가 모든 일을 맡기고 있지 않은가."

"네, 잘 알고 있습니다. 그래서 이렇게 대감마님 은총도 입고 그 동안의 고생도 이제는 옛 이야기처럼 말하며 지낼 수 있게 되었지요. 또 대감마님 덕분에 부잣집에 장가들어 훌륭한 며느리도 얻었습니다."

"그런데 파직시켜 달라니 무슨 소린가?"

"실은 먹고 살기는 전에 비할 바 없이 잘 살고 있습니다. 그러나 사는 것이 먹고 사는 일만은 아닌 줄 압니다. 먹을 게 없이 가난했던 시절보다 마음이 편치 못하니 사람 사는 것이 말이 아니지요."

"그건 어째서 그렇다는 말인가?"

"첫째, 제 아들놈은 대감마님께서 알고 계시는 것처럼 기대할 만한 인물이 못 됩니다. 또 한 가지 이유는 마음 속에 교만이 들기 시작한 때문입니다."

"교만이 들기 시작했다니, 그건 또 무슨 말인가?"

"지난 번에 처갓집에 가서 밥상을 앞에 놓고 하는 말

이 '뱅어국 맛이 왜 이런가? 입맛에 안 맞아 도저히 먹을 수 없으니 입맛이 당기는 다른 음식을 만들어 오게나.' 하고 말을 하더란 겁니다."

"흐음."

대감은 최수의 어머니가 무슨 말을 하려는 것인가를 대강 짐작하고 입가에 웃음을 띠었습니다.

"가난해서 끼니 걱정을 하던 날이 얼마나 지났다고 벌써 그 때를 잊고 교만을 피운단 말입니까? 이대로 두었다가는 영 사람 구실을 못할까 보아 이렇게 간청을

드리는 겁니다."

어머니는 단단히 결심을 굳힌 듯 얼굴빛이 굳어 있었습니다. 그리고는 다시 말했습니다.

"교만과 거드름은 반드시 욕심을 불러 옵니다. 끝내는 욕심을 채우기 위해 죄를 짓게 될 것입니다. 아들이 죄를 지어 죽음을 당하는 걸 어떻게 가만히 두고만 볼 수 있겠습니까?"

어머니의 눈에서는 눈물이 뚝뚝 떨어졌습니다.

김좌명 대감은 자식을 지극히 사랑하는 어머니의 모습을 보며 절로 머리가 숙여졌습니다. 참된 자식 사랑이 어떤 것인가를 한 마디로 일깨워 주는 어머니의 참사랑이었습니다. 잘못도 감싸 주고 무조건 잘 한다고 부추켜 주는 것이 자식을 사랑하는 것으로 아는 오늘날의 사람들에게 깨우침을 주는 훌륭한 어머니의 모범이라고 하겠습니다.

죄수의 어머니가 다시 말을 이었습니다.

"대감마님, 부디 제 청을 들어 주십시오. 옛날처럼 작은 것에 기뻐하고 감사하며 화목하게 살아갈 수 있도록 하여 주십시오."

김좌명 판서는 그 어머니의 말이 너무도 간절한 데에

놀랐습니다. 김좌명 판서가 입을 열었습니다.

"어머니의 간청이시라면 제가 안 들어 드릴 수는 없겠군요. 하지만 글솜씨하며 가진 재주가 매우 아깝군요."

김 판서는 정말 최수의 재주를 그대로 썩히기에는 아까웠습니다. 이를 눈치챈 듯 최수의 어머니가 말했습니다.

"대감마님께서 정 그리 생각을 하신다면, 일은 집에서 하도록 시키시고 이따금 쌀말이나 조금씩 보내 주십시오. 그렇게 해 주신다면 저나 제 아들놈을 살려 주시는 셈이 되니까요."

김좌명 판서는 더 이상 할 말을 찾지 못했습니다. 그리하여 최수는 벼슬을 파직당한 채 집에서 김 판서의 일을 도우며 지내게 되었습니다. 최수는 아무 영문도 모른 채 파직을 당해 마음이 언짢았습니다. 그러다 차츰 마음의 안정을 찾고 다시 본래의 성실하고 착한 모습으로 돌아왔습니다. 어질고 현명한 모성애에 깊이 감명을 받은 김좌명 판서는 그 후로 두 모자를 위해 많은 도움을 숨어서 주었습니다. 최수 또한 한 가정의 가장이요, 한 어머니의 아들로서 열심히 살아 갔습니다.

읽고 생각 키우기

1. 다음은 최수의 어머니가 아들의 장래를 걱정하며 내린 판단을 정리한 것이다. ( ) 안에 들어갈 알맞은 말을 쓰시오.

   ◦ 교만은 욕심을 부른다.
   ◦ 욕심은 (　　　　　　).
   ◦ 그러므로 교만은 죄를 부른다.

2. 최수의 어머니의 자식을 아끼는 태도와 가장 관계 깊은 속담은? (　　)
   ① 열 손가락 깨물어 안 아픈 손가락 없다.
   ② 고슴도치도 제 새끼는 함함하다고 한다.
   ③ 쓴 약이 몸에도 좋다.
   ④ 내리사랑은 있어도 치사랑은 없다.
   ⑤ 자식은 품 안에 자식이다.

3. 이 이야기에서 엿볼 수 있는 최수의 어머니의 삶의 방식과 거리가 먼 것은 무엇입니까? (   )
   ① 검소한 생활
   ② 근면한 생활
   ③ 겸손한 생활
   ④ 성실한 생활
   ⑤ 남을 돕는 생활

4. 아들의 직분을 파직시켜 달라고 간청한 최수의 어머니에 대해 어떻게 생각하는지 각자 자신의 의견을 쓰시오.

   _____
   _____
   _____
   _____
   _____
   _____
   _____

쓰기 힘있게 주장하기(2)

★ 의견을 힘있게 주장하기 위해서는 그 문제와 관련된 사실을 이유나 근거로 들어야 한다.

1. 다음 두 사람의 의견을 비교해 보고, 아래의 물음에 답하시오.

> 영수 : 이를 깨끗이 닦읍시다. 우리는 하루에 적어도 세 번은 이를 닦아야 합니다. 그러한 습관은 어렸을 때부터 길들여야 합니다. 습관은 고치기가 매우 어렵기 때문입니다. 귀찮기는 하지만 우리는 이를 깨끗이 닦는 습관을 길러야겠습니다.
>
> 민영 : 이를 깨끗이 닦읍시다. 이를 깨끗이 닦는 것은 자신의 이를 튼튼히 보호하는 가장 손쉬운 방법입니다. 이는 한번 상하게 되면 본래의 모습을 찾기가 어렵습니다. 또 반짝반짝 빛나는 깨끗한 이는 보는 이에게 좋은 인상을 줍니다. 그러므로 식사를 한 후에는 반드시 이를 닦아 건강하고 아름다운 이를 갖도록 합시다.

(1) 영수와 민영이 가운데 누가 주장을 힘있게 잘 나타내었습니까?
  (   )

(2) 그 이유가 무엇인지 간단히 쓰시오.
  _____
  _____

2. 주장을 힘있게 하려면 그 이유가 합당하여야 한다. 아래의 각각의 주장에 알맞은 이유를 써 보자.

(1) 주장 : 차를 탈 때는 질서를 지키자.
   ◦ 이유 ① : _____
   ◦ 이유 ② : _____
   ◦ 이유 ③ : _____

(2) 주장 : 수업 시간에 떠들지 말자.
   ◦ 이유 ① : _____
   ◦ 이유 ② : _____
   ◦ 이유 ③ : _____

(3) 주장 : 고운 말을 사용하자.
- 이유 ① : _____
- 이유 ② : _____
- 이유 ③ : _____

(4) 주장 : 쓰레기를 함부로 버리지 말자.
- 이유 ① : _____
- 이유 ② : _____
- 이유 ③ : _____

(5) 주장 : 외래어를 쓰지 말자.
- 이유 ① : _____
- 이유 ② : _____
- 이유 ③ : _____

(6) 주장 : 예의바른 사람이 되자.
- 이유 ① : _____
- 이유 ② : _____
- 이유 ③ : _____

3. 다음의 이유를 가지고 힘있게 주장을 내세워 보자.

> 주장: 좋은 책을 많이 읽자.
> 이유①: 좋은 책은 많은 지식과 깨달음을 준다.
> 이유②: 직접 경험하지 않은 것을 알 수 있다.
> 이유③: 마음의 수양을 기를 수 있다.

11. 으악새 울음소리

"아아, 으악새 슬피 우니 가을인가요—."

가을 바람이 불기 시작하면서 삼촌은 늘 이 노래를 흥얼거리십니다. 그런데 오늘은 아침부터 벌써 몇 번을 부르는지 이제는 나도 그 노래 가사를 욀 정도가 되었답니다.

식구들과 노래방을 가도 그 노래는 언제나 삼촌의 단골 노래랍니다. 그래서 우리는 삼촌을 놀릴 때라거나 삼촌이 화가 난 듯하면

"아아, 으악새 슬피 우니 가을인가요—."
하면서 삼촌의 기분을 바꾸어 드리죠. 그런데 무심히 따라 부르기는 했어도 정말 이상한 생각이 들었습니다.

'으악새는 가을에 흔히 볼 수 있는 새인가?'

'으악새는 어떻게 생긴 새일까?'

'으악새는 얼마나 큰 새인가?'

'으악새는 무슨 색깔의 새일까?'

의심을 가지다 보니 점점 궁금증이 커졌습니다.

학교에서 배운 기억도 없고 이야기를 들어 본 적도 없었습니다. 며칠 전 일이었습니다. 한참 생각을 하고 있는데 언니가 내 방에 들어왔습니다.

"언니, 삼촌이 부르는 노래 가사 알아?"

내 말에 언니는 한 마디로 핀잔을 주었습니다.

"얘얘, 넌 이제 겨우 초등 학생이야. 뭐 그런 옛날 노래를 알려고 그러니?"

"언니!"

난 언니의 얼굴에다 대고 냅다 소리쳤습니다.

"아이, 깜짝이야. 왜 그렇게 소리를 지르니?"
"난 노래를 배우려고 그러는 게 아니란 말이야."
"그럼?"
"언니는 으악새가 무슨 새인지 알아?"
"글쎄, 이름이 으악새니까 '으악으악' 우는 새일까?"
"언니, 뭐 그런 대답이 있어."
"너 생각해 보렴. 개구리는 '개굴개굴' 우니까 개구리라고 하잖아. '꾀꼴꾀꼴' 하고 우니까 꾀꼬리라고 하고. 그러니까 으악새는 분명히 '으악으악' 하고 우는 새일 거야."
"난 아무래도 못 믿겠는데."
"네가 정 못 믿겠다면 우리 누가 맞는지 내기 할래?"
"좋았어."
언니와 나는 으악새가 어떤 새인지 알아보기로 했습니다. 우선 엄마께 여쭤 보기로 하였습니다.
"엄마, 이유는 묻지 마시고 대답해 주세요."
엄마는 느닷없는 요청에 어리둥절해하셨습니다.
내가 먼저 엄마에게 물었습니다.
"엄마, 으악새 보셨어요?"
"아니, 그런데 아닌 밤중에 홍두깨라더니 너희들 갑자

기 으악새는 왜 묻니?"

"아무것도 아니에요. 그냥 궁금해서요. 엄마 그래도 으악새라는 말은 많이 들어 보셨지요?"

"그야, 삼촌이 늘 즐겨 부르시는 노래 아니니? 옳지, 삼촌한테 여쭈어 보면 잘 아시겠다."

"정말 우리가 그 생각을 못했네."

우리는 삼촌에게로 갔습니다. 삼촌은 대학교에 다니십니다.

"삼촌, 궁금한 게 있어서 왔는데요."

"뭔데? 수학 문제 어려운 거 있어? 수학 문제라면야 이 삼촌이 박사 아니니."

"그게 아니고, 저 삼촌이 제일 좋아하는 노래 있지요?"

"있지. 그런데 왜?"

"그 으악새 나오는 노래 가사 말이에요. 그 노래 가사에 나오는 으악새는 어떤 새예요?"

나의 물음에 갑자기 삼촌이 배꼽을 잡고 껄껄거리며 웃었습니다. 언니와 나는 그저 어리벙벙한 채로 삼촌의 웃는 모습을 바라만 보고 있었습니다. 삼촌은 도저히 웃음을 참을 수 없다는 듯 한참을 웃고 있었습니다. 얼마간 시간이 지난 다음 삼촌이 말했습니다.

"너희들 그런 질문 어디 다른 데 가서는 하지 마라. 어쩜 그렇게 무식한 말을 하니?"

"삼촌, 모르니까 여쭈어 보잖아요. 웃지만 말고 빨리 가르쳐 주세요."

"이런 건 그냥 가르쳐 주는 게 아니지. 너희들 국어 사전은 무엇에 쓰는 것인 줄 아니?"

"누가 그걸 모르나요. 귀찮으니까 그런 거죠."

"귀찮아서 놀지도 않고 맛있는 것도 안 먹겠구나. 어서 지금 당장 가서 국어 사전을 가져와 봐."

나는 얼른 책꽂이에서 국어 사전을 집어 들었습니다.

삼촌이 다시 말했습니다.

"순영이는 국어 사전 사용할 줄 아니?"

"한글의 자모 순서별로 찾으면 돼요. ㄱ, ㄴ, ㄷ, ㄹ, ㅁ, ㅂ, ㅅ, ㅇ, ㅈ, ㅊ, ㅋ, ㅌ, ㅍ, ㅎ 순서에다가 ㅏ, ㅑ, ㅓ, ㅕ, ㅗ, ㅛ, ㅜ, ㅠ, ㅡ, ㅣ 순서를 맞추어서 찾으면 쉽게 찾으려는 낱말을 찾을 수 있어요."

"옳지, 잘 아는구나. 그런데 사전에는 보통 표준말로만 실려 있기 때문에 사투리는 표준말로 찾아야 한다는 것도 알지?"

"네."

"그러면 '으악새'란 낱말은 어떻게 찾으면 될까?"

"먼저, '으'자를 찾고, 그 다음에 '악'자, 그리고 맨 마지막에 '새'자를 찾으면 되는 거죠."

"아니지. 지금 순영이가 말한 '으악새'는 사실은 표준말이 아니고 사투리란다. 그러니까 표준말로 찾아야 되겠지?"

"삼촌, '으악새'의 표준말은 뭐예요?"

"'으악새'의 표준말은 '억새'란다. 우리가 국어 공부를 잘 하려면 국어 사전을 열심히 찾아봐야 해. 그래야 낱말의 뜻을 올바로 알 수 있거든. 똑같은 낱말이라도 뜻이 여러 가지로 쓰이는 경우가 있으니까 말이야. 우리 나라 사람이 우리 나라 말을 잘 몰라서야 한국 사람이라고 할 수가 없지."

우리는 삼촌의 이야기를 들으면서 열심히 사전을 뒤적거리며 '억새'란 낱말을 찾았습니다.

"아, 아뿔싸!"

우리는 그제서야 삼촌이 아까 왜 그렇게 배꼽을 쥐고 웃었는지를 알았습니다. 사전에는 아래와 같이 설명이 되어 있었습니다.

억새 〈식물〉 포아풀과의 여러해살이 풀. 줄기 높이 1~2m이고 잎은 긴 선형임. 7~9월에 보라색을 띤 노란색 꽃이 핌. 산과 들에서 저절로 나며, 잎을 베어 지붕을 이는 데도 쓰임.

이렇게 해서 그 뒤로 언니와 나는 열심히 사전찾기를 시작했고, 우리는 국어 사전을 가지고 낱말 빨리 찾기 시합도 가끔씩 한답니다. 삼촌은 요사이도 우리를 놀릴 때는,

"으악새 날아간다!"

하고 약을 올리기도 합니다.

읽고 생각 키우기

1. 이 이야기를 통해 깨달은 사실은 무엇입니까? (   )
   ① '으악새'와 '억새'의 뜻을 바르게 알자.
   ② 사전을 열심히 찾아보는 습관을 기르자.
   ③ 사소한 말이라도 정확히 알고 사용하자.
   ④ 자기 주변의 일을 잘 관찰하는 생활 자세를 갖자.

2. 이 이야기의 중심이 되는 글감은 무엇입니까? (   )
   ① 으악새   ② 옛 노래
   ③ 국어 공부의 중요성   ④ 삼촌의 노래 솜씨

3. 다음 중 소리를 그대로 흉내낸 말이 쓰인 것은? (   )
   ① 공이 데굴데굴 굴러간다.
   ② 천둥 소리가 우르르 쾅 하고 들려 왔다.
   ③ 한 소년이 쏜살같이 운동장을 뛰어갔다.
   ④ 살금살금 개구쟁이들이 집 안으로 들어왔다.

 문단쓰기(1)

★ 문단의 뜻 : 문단은 몇 개의 문장이 모여 하나의 통일된 생각을 나타내는 생각의 덩어리이다.

★ 문단의 짜임 : 문단은 중심 생각을 나타내는 중심 문장과 이를 구체적으로 뒷받침해 주는 보조 문장으로 짜여진다.

★ 문단의 종류
 ① 중심 문장이 맨 앞에 있는 문단
 ② 중심 문장이 맨 뒤에 있는 문단
 ③ 중심 문장이 가운데 있는 문단
 ④ 중심 문장이 앞과 뒤에 거듭해서 있는 문단
 ⑤ 중심 문장이 첫째, 둘째, … 하는 식으로 나열되어 있는 문단

1. 다음 글을 읽고 물음에 답하시오.

> 사람은 신의를 소중하게 생각하여야 합니다. 만일, 사람에게 신의가 없다면, 사람들은 서로 믿지 못하게 될 것입니다. 서로 믿지 못하면 어떤 일도 순조롭게 할 수가 없을 것입니다. 그러면 인간에게는 사랑이라는 말이 없어져 버리고 이 사회는 삭막하게 될 것입니다. 그리하여 이 사회는 혼란과 불안이 가득할 것이고, 사람들은 안심하고 살 수 없게 될 것입니다. 그러므로 우리는 신의를 소중하게 생각하는 사람이 되어야 하겠습니다.

(1) 이 문단에서 중심 문장을 찾아 쓰시오.

_____

(2) 이 문단에서 글의 중심 내용과 관계가 먼 문장을 찾아 쓰시오.

_____
_____

2. 다음 글을 읽고 중심 문장이 맨 앞에 오도록 순서를 다시 배열하시오.

(가) 물은 음식물을 만들고, 목욕을 하고, 빨래를 하며, 농사를 짓는 데에도 이용됩니다.
(나) 그뿐 아니라 전기를 일으켜 어두운 밤거리를 밝게 밝히기도 합니다.
(다) 물은 여러 가지로 우리 생활에 이용됩니다.

3. 다음 글을 읽고 문단의 알맞은 중심 문장을 (   ) 안에 쓰시오.

(   )
둥근 얼굴, 긴 얼굴, 꺼먼 얼굴, 하얀 얼굴, 누런 얼굴, 다 각각 다르다. 얼굴은 모양과 색깔이 다를 뿐만 아니라, 얼굴을 구성하고 있는 눈, 코, 입 어느 한 부분도 똑같지가 않다.

4. 다음 글을 중심 문장이 맨 끝에 오도록 순서를 다시 배열하시오.

> (가) 학생은 머리를 짧게 하는 것이 단정해 보여 좋다.
> (나) 운동화도 그렇다.
> (다) 옷도 비싼 옷보다는 값이 싼 것이 더 어울린다.
> (라) 특히 요즘 알 수 없는 외국어로 된 상표의 옷과 운동화가 유행하는데, 그것보다 순 우리말로 된 상표가 얼마나 보기 좋은가!
> (마) 자기 신분에 어울리는 단정한 옷차림과 검소한 생활을 하도록 하자.
>
>

5. 다음 (   ) 안에 알맞은 중심 문장을 쓰시오.

> 여름에는 날씨가 매우 무덥습니다. 그래서 음식물이 쉽게 상합니다. 그리고 모기나 파리가 많아 병에 걸리기가 쉽습니다. 또한 장마철에는 습기가 많아 여러 가지 질병이 발생합니다. 그렇기 때문에 (   )

6. 다음 글을 읽고 아래의 물음에 답하시오.

> (가) 그러나 지나치게 가까이 하게 되면 좋지 않다.
> (나) 텔레비전을 통하여 나라 안팎에서 생기는 일을 빠른 시간 안에 볼 수 있다.
> (다) 안방에 앉아서도 세계 여러 곳을 여행할 수도 있다.
> (라) 지식과 교양을 쉽게 얻을 수 있다.
> (마) 우리도 모르는 사이에 해로운 친구가 되어 버리는 것이 텔레비전이다.
> (바) 텔레비전을 보는 것은 공부에 도움이 된다.
> (사) 그러므로 좋은 프로그램을 잘 선택해서 보아야 한다.

(1) (가)~(사)를 주장이 맨 뒤에 오도록 다시 배열하시오.

( ) → ( ) → ( ) → ( ) → ( ) → ( ) → ( )

(2) 글쓴이의 의견이 들어 있는 것을 모두 쓰시오.
_____

(3) 사실을 중심으로 쓴 것을 모두 찾아 쓰시오.
_____

7. 다음 글에 이어질 알맞은 중심 문장을 쓰시오.

> 버스나 전철에서 젊은이들이 노인에게 자리를 양보하는 모습은 아름답다. 젊은이가 노인이나 몸이 불편한 사람에게 자리를 양보하는 것은 복종이 아니다. 힘없고 약한 사람을 도와 주는 것은 사랑의 표현이다.

_____
_____

12. 두루미와 여우의 만찬

 옛날, 두루미와 여우가 이웃 마을에 살았습니다. 어느 날, 이 두 친구가 길에서 만났습니다. 먼저 두루미를 본 여우가 반갑게 인사를 하였습니다.
 "두루미 부인, 정말 오랜만입니다."
 "안녕하세요, 여우 부인. 어딜 가시는 길이십니까?"
 "아, 네. 그냥 심심해서 바람이라도 쐴까 해서 나왔습니다."
 "그러시군요. 특별히 볼일이 없으시면 저희 집에 가서 차나 마시고 놀다 가시지요."
 마침 심심하던 참이라 여우 부인은 두루미 부인의 초대를 받아들였습니다.
 둘이는 오순도순 이야기를 나누며 두루미 부인의 집에 도착하였습니다. 한창 이야기를 하던 두루미 부인이 자리를 비웠습니다. 그러더니 잠시 후 식탁에 맛있는 음식을 차렸습니다. 보기에도 먹음직스러웠지만 그 냄새 또

한 코를 간지럽힐 만큼 아주 고소하였습니다.

"여우 부인, 사실은 제가 오늘 음식 솜씨를 자랑할 겸 부인께 음식을 대접하고 싶어서 이렇게 저희 집에 모신 겁니다. 부디 사양 마시고 맛있게 잡수어 주셨으면 합니다."

두루미 부인은 목이 긴 병에 음식들을 담아 냈습니다. 그리고는 여우 부인에게 음식을 권했습니다.

"여우 부인, 음식 맛 좀 봐 주세요. 맛이 좋습니까?"

두루미 부인은 여우 부인에게 음식을 맛보라고 권했습니다. 그럴 때마다 여우 부인은 아주 난처한 표정을 지었습니다. 왜냐 하면, 음식들이 모두 목이 길다란 병에 들어 있어서 여우 부인은 먹고 싶어도 먹을 수가 없었기 때문입니다.

"부인, 이 음식은 좋아하지 않으시나 보죠?"

"아— 아닙니다. 바로 조금 전에 집에서 밥을 먹고 나왔습니다. 그래서 지금은 도저히 먹을 수가 없군요. 부인이나 드시죠."

여우 부인은 자신의 속마음을 감추고 말을 얼버무렸습니다.

"부인을 초대해 놓고 혼자 먹자니 너무나 미안스럽군요."

두루미는 그러면서 그 긴 주둥이를 길다란 병 속에 집어 넣고 맛있게 음식을 먹기 시작하였습니다.

"이걸 좀 들어 보시죠. 이건 제가 특별히 신경을 써서 만든 것이라 맛이 좀 색다르거든요."

여우 부인은 얼굴이 상기되었습니다. 두루미가 일부러 자신을 골려 주기 위해 일을 꾸민 것이라 생각되었습니다. 자기처럼 짧은 입을 가진 사람들은 긴 병 속의 음식을 먹을 수 없다는 것은 너무나 기본적인 상식인데, 지금 두루미는 자기를 초대해 놓고 계속 약을 올리는 것만 같았습니다. 그렇다고 웃는 얼굴로 이야기하는 두루미 부인에게 화를 낸다는 것도 도리가 아니라 생각되었습니다. 하지만 불쾌한 감정만은 어쩔 수가 없었습니다. 간신히 불쾌한 기분을 누르고 여우 부인은 두루미 부인의 집을 나왔습니다.

"안녕히 가세요. 아무것도 드시지 못하고 가셔서 정말 안됐습니다. 다음 번에 다시 한 번 기회를 만들지요."

"네, 안녕히 계세요. 다음에 또 뵙죠."

그 후 여러 날이 지났습니다.

여우 부인이 정식으로 초대장을 두루미 부인에게 보내왔습니다.

〈두루미 부인, 안녕하세요.

지난 번에는 제가 여러 가지로 신세를 진 것 같군요. 그래서 그 감사의 보답으로 내일 저녁 식사 초대를 하고자 하니 부디 저의 청을 받아 주시기 바랍니다.

— 여우 부인 —〉

이튿날 두루미 부인은 정해진 시간에 여우 부인의 집에 도착하였습니다. 현관문을 열고 들어서니 맛있는 음식 냄새가 났습니다. 입 안에서는 군침이 돌았습니다.

"아니, 벌써 음식을 다 만드셨나 봐요. 아주 맛있는 냄새가 진동을 하는데요. 입에서 침이 절로 나요."

두루미 부인은 연방 코를 벌름거리며 냄새를 맡았습니다.

"아이구, 집 안을 참 예쁘게 꾸며 놓으셨군요. 어머, 이 사진 속의 젊은 아가씨는 누구세요?"

두루미 부인은 벽에 걸린 사진을 가리키며 물었습니다. 그러자 여우 부인이 배시시 웃으며 말했습니다.

"네, 그게 바로 제 젊었을 때 모습 아니겠어요."

"어머나, 정말 미인이세요. 물론 지금은 좀 많이 변하시기는 했지만 말예요."

"그렇죠? 저도 그렇게 생각하고 있답니다. 사진을 볼 때마다 세월이 흘러가는 걸 느끼게 되죠."

"아참, 내 정신 좀 봐. 음식을 차려 놓고는 딴청을 여태 했네. 부인, 이리로 오세요."

두루미 부인은 여우 부인을 따라 식당으로 들어섰습니다. 식탁 위에는 맛있는 음식들이 그득히 차려져 있었습니다. 알록달록한 예쁜 접시 위에는 갓 구운 고기와 과일들이 담겨져 있었습니다.

"어머나, 이 많은 음식을 혼자 다 만드셨어요?"

"지난 번 두루미 부인 댁에서 제가 얼마나 대접을 훌륭하게 받았습니까? 그래서 작으나마 제 정성을 담아 음식을 만들어 보았습니다. 사양하지 마시고 부디 맛있게 잡수어 주시면 고맙겠습니다."

여우 부인은 아주 예절바른 태도로 두루미 부인에게 음식을 권했습니다. 그런데 두루미 부인에게 난처한 일이 생기고 말았습니다. 그것은 음식을 먹으려 해도 먹을 수가 없었기 때문입니다. 모든 음식이 납작한 접시에 담겨 있어서 아무리 부리를 갖다 대어도 입에 음식이 들어오지를 않았습니다. 맞은편에 앉아 있는 여우 부인은 점잖게 앉아서 음식을 먹었습니다. 하지만 두루미 부인은 홀짝홀짝 먹는 시늉만 할 뿐이었습니다. 한참 음식을 먹고 있던 여우 부인이 말했습니다.

"두루미 부인, 음식이 입맛에 맞지 않으세요?"

"아— 아니요. 아주 좋습니다."

"그런데 왜 음식에 손을 대지 않으세요?"

그러자 두루미 부인이 말했습니다.

"여우 부인, 정말 미안해요."

"갑자기 미안하시다니 그게 무슨 말씀이세요?"

여우 부인은 두루미 부인이 무슨 말을 하는지 영문을 몰랐습니다.

"지난번 저희 집에서 제가 깜박 실수를 했었군요. 저는 그만 제 생각만 했지 뭡니까? 여우 부인이 음식에 전혀 손을 대지 않으시길래 정말 배가 부르셔서 그런가 보다고만 생각을 했지요. 그런데 지금 생각해 보니 그 까닭은 바로 제게 있었다는 걸 깨닫게 되었습니다. 용서해 주세요, 여우 부인."

두루미 부인은 정말로 미안한 얼굴 표정이었습니다. 그러자 이번에는 여우 부인이 말했습니다.

"미안합니다. 제가 너무 마음 좁게 생각하였던 걸 용서하세요. 사실, 누구나 알게 모르게 많은 실수를 저지

르며 살지요. 넓은 아량으로 남을 이해하고 감싸 주어야 하는데 말입니다."

여우 부인은 자신이 한 일을 생각하니 부끄러웠습니다.

'조금만 내가 아량을 베풀었으면 두루미 부인이 즐거운 마음으로 식사를 하였을 텐데.'

한편 두루미 부인도 마음 속으로 깊이 후회를 하고 있었습니다.

'내가 그 때 왜 그렇게 생각이 모자랐을까? 내 입장만 생각하느라 상대방이 음식을 제대로 먹을 수 있는지 없는지 헤아리지를 못했으니 난 정말 너무나 큰 잘못

을 했어. 그러니 여우 부인이 얼마나 기분이 나빴을까?'

이렇게 여우 부인과 두루미 부인은 서로 자신들의 잘못을 마음 속으로 뉘우쳤습니다.

"두루미 부인, 우리 앞으로는 지금까지보다 더 사이 좋게 지내요."

"여우 부인, 정말 고마워요. 난 너무 잘못했어요. 나밖에 모르고 살아왔어요. 남이야 어떻게 되든 말든 생각도 안 했거든요. 이제야 제가 철이 드는 것 같네요."

"아이구, 무슨 말씀을 그렇게 하세요. 따지고 보면 전 안 그런가요. 저도 잘 한 건 하나도 없어요. 내가 기분 나쁜 일을 당했다고 똑같이 상대방을 골려 주었으니 말예요. 그러니 우리 모두 똑같이 서로를 용서해 주기로 해요."

"그럽시다."

두루미 부인과 여우 부인은 서로 두 손을 꼭 잡고 화해의 악수를 하였습니다. 그리고 두루미 부인 몫의 음식은 먹기 좋게 만들어서 목이 긴 병에 따라넣었습니다. 둘이는 즐겁게 음식을 나누어 먹으며 한동안 이야기꽃을 피우며 재미있는 시간을 보냈습니다.

1. 이 이야기를 통해 글쓴이가 말하고자 하는 중심 내용과 거리가 먼 것은 어느 것입니까? (   )
   ① 반성하는 생활 태도
   ② 남을 이해할 줄 아는 넓은 마음
   ③ 남의 잘못을 용서하는 마음
   ④ 입장을 바꾸어 생각하는 태도
   ⑤ 남을 위해 몸과 마음을 바칠 수 있는 희생 정신

2. 여우 부인이 두루미 부인을 초대한 까닭은 무엇입니까? (   )
   ① 친하게 지내려고
   ② 혼을 내주기 위해서
   ③ 망신을 주기 위해서
   ④ 심심해서 같이 놀기 위해서
   ⑤ 음식을 나누어 먹기 위해서

3. 만일 두루미 부인이 자신의 잘못을 먼저 말하지 않았다면 어떤 일이 일어났을지 의견을 써 보자.

_____
_____
_____
_____
_____

4. 여우 부인과 두루미 부인의 행동을 통해, 남을 이해하는 마음이 소중한 까닭이 무엇인지 각자 의견을 써 보자.

_____
_____
_____
_____
_____

★ 문단과 단어와 문장의 관계
  하나 이상의 단어가 모이면 문장이 되고, 하나 이상의 문장이 모이면 하나의 문단이 된다. 그러므로 문단은 하나의 생각을 나타내는 가장 큰 생각의 단위이다. 다시 말하면, 하나의 문단 속에는 하나의 중심 생각이 담겨져 있다. 이 중심 생각이 담긴 문장을 문단의 중심 문장이라고 한다.

1. 다음 글을 읽고 중심 문장이 맨 앞에 오도록 다시 써 보자.

  맑은 공기와 맑은 물이 있다. 우거진 아름다운 숲이 있다. 철따라 산과 들을 아름답게 수놓는 아름다운 꽃들이 있다. 우리 나라는 살기 좋은 나라이다. 그리고 서로를 아끼면서 살아가는 마음씨 착한 사람들이 있다.

2. 다음 문장은 중심 문장이다. 중심 문장에 이어서 하나의 문단이 되도록 글을 써 보자.

(1) 정리 정돈을 잘 하자.

(2) 내 짝 민수는 착한 아이다.

　　_____
　　_____
　　_____
　　_____

(3) 우리 아버지는 자상하신 분이다.

　　_____
　　_____
　　_____
　　_____

3. 아래의 중심 문장이 문단의 맨 끝에 오도록 밑줄 친 부분에 알맞은 뒷받침 문장을 써 보자.

(1) _____
　　_____
　　_____
　　그러므로 우리는 매일 이를 깨끗이 닦아야 한다.

(2) _____
_____
_____
_____

그러므로 벌과 나비는 사람에게 이로운 곤충이다.

(3) _____
_____
_____
_____
_____

그렇기 때문에 쓰레기는 분리해서 버려야 한다.

(4) _____
_____
_____
_____

그러므로 모기에 물리지 않도록 한다.

4. 다음의 글에는 중심 문장과 어울리지 않는 문장이 들어 있다. 어떤 것인지 찾아 쓰시오. 그리고 그 이유를 말하시오.

 우리 어머니는 참 부지런하시다. 언제나 새벽 5시만 되면 어김없이 일어나시어 식구들의 아침 식사를 준비하신다. 식구들이 모두 아침을 먹고 서둘러 나가면 어머니는 그 때부터 또 다른 일을 시작하신다. 어머니는 수영과 에어로빅을 하시며, 친구들과 어울려 여행을 하시기도 한다. 식구들이 어질러 놓고 간 옷가지며, 집안 청소, 그리고 부업까지 어머니의 몸은 언제나 쉴 줄을 모르신다.

(1) 중심 문장에 어울리지 않는 문장 :

_____

(2) 이유 : _____

13. 한 표를 부탁합니다

　선거날이 다가오면서 후보자들의 연설이 열기를 더하고 있습니다. 유권자들의 표를 하나라도 더 끌기 위해 안간힘을 쓰는 후보자들의 열성도 눈물겹습니다. 모처럼 참정권을 행사하게 된 국민들은 어느 후보를 찍을까 모두들 깊이 생각하는 빛이 뚜렷하였습니다.
　지난 일요일 나는 아빠를 따라 학교 운동장에서 열린 국회 의원 후보자들의 합동 연설회장에 구경을 갔습니다. 연설을 듣기 위해 많은 청중들이 모였습니다. 나처럼 아빠나 할아버지, 할머니를 따라온 미래의 유권자들도 제법 많았습니다. 한 후보가 단을 오르고 내려올 때마다 청중들은 박수를 쳤습니다. 연설을 듣다가도 서로 마음이 통하는 이야기가 나오면 넓은 운동장이 떠나갈 듯 크게 박수를 쳤습니다. 그러나 후보들이라고 해서 모두가 박수만을 받는 것도 아니었습니다. 어떤 후보들은 오히려 야유를 받으며 연단을 내려갔습니다.

이번 연설은 대한당 후보 차례입니다. 김막동 후보는 연단 위로 올라오더니 연설을 시작했습니다.

"유권자 여러분, 저를 이 지역의 일꾼으로 뽑아 주십시오. 저희 집안은 7대째 이 곳에서 살아오고 있는 진짜 토박이입니다. 조상 대대로 여러분과 이웃에 살면서 함께 웃고 울어 왔습니다. 이제 제가 유권자 여러분께 간곡히 말씀드리고 싶은 것은 우리 지역의 일꾼은 우리 지역 사람이 나서서 해야 한다는 것입니다. 우리 고장 일을 다른 누구가 발벗고 나서서 해결해 주기를 기대하는 것은 너무도 소극적이고 수동적인 태도입니다. 지금까지 많은 사람들이 자기야말로 우리 고장의 일꾼이라고 말하면서 우리 고장의 대표로서 일해 왔습니다. 하지만 그들이 무엇을 해 놓았습니까? 선거가 있을 때마다 여러분과 약속했던 그 많은 공약들은 또 어떻게 되었습니까? 다리를 놓아 주겠다, 길을 뚫어 주겠다, 재개발 사업을 신속히 처리해 주겠다 한 말들은 말입니다.

여러분, 그러므로 이번에는 무슨 일이 있더라도 이 지역의 토박이 이 김막동이를 우리 고장의 일꾼으로 꼭 뽑아 주시기를 다시 한 번 부탁 말씀드립니다."

 김막동 후보의 연설이 끝나고 이번에는 이기자 후보가 올라왔습니다.
 "유권자 여러분, 이번만큼은 저를 꼭 뽑아 주십시오. 제게 이제 남은 것이라고는 후보에 나왔던 경력밖에는 남은 것이 없습니다. 이번이 일곱 번째 출마입니다. 이것은 제가 여러분들께 드리는 마지막 기회입니다. 이번에 마지막이자 처음으로 저를 우리 고장의 일꾼으로 뽑아 주시어 그 동안 쌓아 온 저의 능력을 단 한 번만이라도 펼 수 있는 기회를 주십시오. 무력한 저이지만

최선을 다해서 열심히 일하겠습니다. 제가 이번에 또다시 낙선을 하면 저희 노모는 돌아가시고 말 것입니다. 저는 가진 것이라고는 아무것도 없습니다. 다른 가족도 없습니다. 저를 동정하셔도 좋습니다. 오로지 이번만큼은 정말로 저를 뽑아 주시기를 간절히 이렇게 빌겠습니다."

이기자 후보의 목소리는 울먹이는 듯하였습니다. 그러자 청중 가운데에서 중얼거리는 소리가 났습니다.

"국회의원 떨어진 것이 자랑인가 아니면 불쌍히 여겨 달라고 구걸하는 건가."

"여섯 번이나 출마를 해서 떨어졌는데, 또 도전을 해?"

"여보게, 그 용기가 대단하지 않은가? 하지만 그 어머니는 그게 홧병이 돼서 몸이 불편하신 것은 아냐."

청중들은 후보 한 사람 한 사람이 나와 연설을 할 때마다 서로의 느낌과 인상을 말했습니다.

다음 번 연사로는 고단수 후보가 올라왔습니다.

"친애하는 유권자 여러분. 바쁘신 시간에 나와 주셔서 대단히 감사합니다. 여러분의 한 표 한 표가 이 나라의 운명을 좌우합니다. 우리 나라는 남북한으로 갈라져 있습니다. 북한의 공산주의자들은 언제든 남한을

침략할 준비가 다 되어 있습니다. 그러므로 우리는 언제 어디서나 긴장된 마음으로 살지 않으면 안 됩니다. 그러므로 공산주의자들이 넘보지 못하게 우리의 국방을 튼튼히 하여야 합니다. 그러기 위해서는 국방 문제를 오랫동안 연구해 온 이 사람을 뽑아 주셔야 합니다. 여러분의 생명, 여러분의 재산을, 아니 우리의 이 평화와 자유 그리고 민주주의를 잘 지켜 나가려면 국방 문제의 권위자이며, 전문가인 이 사람 고단수에게 꼭 한 표를 찍어 주십시오. 저의 이같은 주장에 만일 조금이라도 반대를 하시는 분이 있다면 그것은 유감스러운 일입니다. 왜냐 하면, 그것은 곧 우리 민주주의를 반대한다는 뜻이기도 하며, 나아가서는 이 정부를 반대한다는 뜻이기 때문입니다. 여러분의 현명한 판단을 기대하며 이만 물러나겠습니다."

맨 마지막으로 박수산 후보가 연설을 했습니다.

"유권자 여러분, 저야말로 우리 지역 발전을 위해 일할 참일꾼입니다. 저 시사당의 이 후보는 철새 정치꾼입니다. 그는 인정머리도 없는 사람입니다. 남의 땅을 헐값에 사들이고 온갖 투기를 해서 돈을 모은 졸부이기도 합니다. 저런 사람에게 정치를 맡겼다가는 이

나라의 장래는 영 망치고 맙니다. 하지만 저는 아주 양심적이고 남을 아프게 한 일도 없으며 늘 불우한 이웃들을 보살피며 살아왔습니다. 연말이면 고아원과 양로원도 내 집 드나들듯하며 불쌍하고 힘없는 사람들을 위해 힘썼습니다. 이러한 제가 이제는 나라를 위해 힘써 일할 수 있도록 도와 주십시오. 여러분의 아낌없는 도움을 기대하겠습니다."

후보자들은 자신을 돋보이기 위해 목청껏 소리를 높여 연설을 하였습니다.

이윽고 후보자들의 연설이 모두 끝났습니다. 나는 아빠와 함께 연설회장을 나왔습니다. 나는 어른들의 말을 잘 이해할 수가 없었습니다. 그래서 아빠께 궁금한 점을 이것 저것 여쭈어 보았습니다.

"아빠, 후보자들의 연설이 정정당당하지 못해요. 남을 헐뜯는가 하면, 자기만이 잘났다는 식이고, 자기 말에 반대하면 마치 적인 것처럼 말하고, 표를 동정하는 사람도 있으니 말이에요."

"그래, 네 말이 맞다. 국민 한 사람 한 사람이 직접 나서서 정치를 할 수는 없지. 그렇기 때문에 우리를 대신해서 일할 사람을 뽑는 게 선거 아니니? 그러니까 유권자들은 후보 한 사람 한 사람의 사람됨이나 학식이나 능력 그리고 성실한 사람인지 이모저모 잘 따져서 뽑아야지."

"그럼 그 사람이 훌륭한 사람인지를 어떻게 알지요, 아빠?"

"글쎄 그건 한 마디로 이거다 하고 말할 수는 없단다. 평소에 그 사람의 행동을 보고, 또 그의 말을 들어 보고, 그가 쓴 저서가 있으면 그 속에서 그가 참으로 훌륭한 사람인지 아닌지를 알 수가 있지. 하지만 이러한 판단을 내리기란 어려운 것이어서 어른들도 실수를 할 때가 많단다."

"네, 그렇군요. 오늘 연설회에서 아빠는 누구를 찍을 것인지 결정하셨어요?"

"글쎄, 조금 더 생각을 해 봐야겠구나. 아무나 찍을 수는 없으니까 말이야."

"아빠는 정말 현명한 유권자이시군요. 그렇죠, 아빠?"

"허, 녀석. 아들한테 칭찬을 다 받아 보고. 하하하!"

아빠와 나는 한바탕 큰 소리를 내어 웃었습니다.

1. 연설자들 가운데 듣는 이의 동정심에 호소하고 있는 사람은 누구입니까?

   _____

2. 연설자들 가운데 출신 지역을 내세워 듣는 이를 설득하고 있는 사람은 누구입니까?

   _____

3. 연설자들 가운데 논리적인 설득보다 상대의 약점을 들추어 내어 듣는 이의 호응을 얻고자 한 사람은 누구입니까?

   _____

4. 위의 연설자들 가운데 아래와 같은 방법으로 듣는 이를 설득하고 있는 사람은 누구입니까?

정수 : 우리 오늘 선생님께 병문안 가는데 안 가는 사람 있니?

경애 : 난 오늘 언니랑 약속이 있기 때문에 갈 수가 없는데.

민아 : 어떻게 선생님 병문안을 빠질 수가 있니? 병문안을 안 가는 걸 보면 넌 선생님을 존경하지 않는구나.

경애 : 그게 무슨 소리니? 병문안 오늘 안 간다고 선생님을 누가 존경하지 않는대. 네 말은 오늘 병문안을 가는 사람은 선생님을 존경하는 사람이고 그렇지 않은 사람은 존경하는 마음이 없다는 거로구나.

민아 : 그래 맞았어. 바로 그 말이야.

경애 : 이제 보니 너 참 웃기는 애로구나.

쓰기 ▶ 내용 간추려 쓰기(1)

1. 다음 글을 읽고 하나의 문장으로 내용을 간추려 쓰시오.

> 　말은 생각을 전달해 줍니다. 그리고 말은 기쁨, 슬픔, 노여움 같은 감정도 전달해 줍니다. 부드럽게 말을 하면, 듣는 사람도 즐거움을 느끼게 됩니다. 그러나 퉁명스럽게 말을 하면, 듣는 사람의 마음이 언짢게 될 것입니다. 더구나 욕설이나 상스럽고 거친 말은 듣는 사람의 감정을 몹시 상하게 할 것입니다. 그러므로 우리는 말을 부드럽게 해야 하겠습니다.
>
>

2. 다음 글에 이어질 내용으로 알맞지 않은 것은 어느 것입니까? (   )

> 우리는 혼자서는 살 수가 없습니다. 만약 우리들이 혼자서 살아야만 한다면 어떻게 될까요? 우리는 입을 옷, 먹을 음식, 살 집을 모두 혼자의 힘으로 마련해야 할 것입니다. 그런데 어느 누구도 이 모든 일을 혼자서 하기는 어렵습니다. 그렇기 때문에 우리들은 함께 모여 사는 것입니다.
> 우리들이 함께 모여 살기 위해서는 서로 사이좋게 지내는 것이 중요합니다. 그러면 함께 모여 살면서 사이좋게 지내려면 어떻게 해야 할까요?
> (   )

① 서로 도우며 산다.
② 서로 사랑하는 마음을 가진다.
③ 서로서로 양보하는 마음을 가진다.
④ 상대방을 존경하는 마음을 가진다.
⑤ 무조건 상대방의 의견을 존중해 준다.

3. 다음 글을 읽고 글의 중심 내용을 간추려 써 보자.

(가) 밭둑이나 산길을 가던 개가 갑자기 멈춰 서서 코를 땅에 대고 냄새를 맡을 때가 있습니다. 그리고 그 곳을 열심히 파헤치기도 합니다. 이것은 땅 속에 있는 두더지나 들쥐의 냄새를 맡았기 때문입니다. 그리고 멀리 나갔다가 다시 돌아올 때에도 냄새를 맡으면서 집을 쉽게 찾아온다고 합니다.

(나) 밤에 자다가 멀리서 사람이 지나가도 벌떡 일어나서 짖는 것을 볼 수 있습니다. 이것은 개가 사람의 발자국 소리를 들었기 때문입니다. 개는 먼 데서 나는 소리를 사람보다 네 배 가량 더 들을 수 있다고 합니다.

(1) (가)의 중심 내용을 간추려 한 문장으로 쓰시오.

_____

(2) (나)의 중심 내용을 간추려 한 문장으로 쓰시오.

_____

4. 다음 글을 읽고 물음에 답하시오.

> 고구려의 옛 무덤에는 씨름하는 모습의 벽화가 그려져 있다. 이것으로 보아, 씨름은 고구려 때나 그 전부터 시작되었을 것으로 추측된다. 고구려에서 부족 간의 경기 종목의 하나로 성행하였던 씨름은, 고려를 거쳐 조선 시대로 이어져 발전하였는데, 세종 임금도 군사들의 씨름 경기를 보며 즐겼다고 한다. 이처럼 오랫동안 널리 행해졌던 씨름은 우리의 민속 행사로 장려되고 발전하여 왔다.

(1) 위 글의 중심 내용을 간추려 쓰시오.

　＿＿＿＿＿＿＿＿＿＿＿＿＿＿＿＿＿＿＿

(2) 위 글에 제목을 붙일 때 가장 알맞은 것은 어느 것입니까? (　　)

① 씨름의 기원　　② 씨름의 방법
③ 씨름의 발달　　④ 옛 무덤의 벽화
⑤ 씨름을 즐기던 옛 사람들

　옛날, 여우와 까마귀가 숲 속에 살았습니다. 여우는 매우 꾀가 많은 짐승이었습니다. 여우는 곧잘 숲 속의 동물들을 교묘하게 골려 주곤 하였습니다. 그래서 여우의 성질을 잘 아는 동물들은 여우를 보면 미리 경계를 하면서 조심하였습니다. 하지만 여우 못지않게 자신을 뽐내고 싶어하는 친구들도 많이 있었습니다. 그런 짐승 가운데 하나가 바로 까마귀였습니다.

　날씨가 따뜻한 어느 봄날이었습니다. 여우는 낮잠을 기분좋게 자고 일어났습니다. 점심때가 되어서 그런지 배가 슬슬 고파 왔습니다. 여우는 먹을 것을 찾아 나섰습니다. 그런데 한참을 돌아다녀 보았지만 쉽사리 먹을 만한 것이 눈에 띄지 않았습니다.

　"아이, 배고파."

　여우는 배도 고프고 이제는 다리마저 아파 왔습니다.

　"어딜 가야 먹을 게 있을까?"

여우는 곰곰 생각을 하며 고갯길을 넘었습니다. 그런데 어디서인지 맛있는 고기 냄새가 났습니다.

"흐음, 정말 맛좋은 고기 냄새인데, 어디서 나는 냄새일까?"

여우는 사방을 두리번거리며 살펴보았습니다. 분명히 그 냄새는 근처에서 나는 냄새였습니다. 그 때 어디서인지 부스럭거리는 소리가 들렸습니다. 소리나는 쪽을 바라보니 저쪽 나뭇가지 위에 까마귀 한 마리가 앉아 있었습니다. 까마귀의 입에는 무언가가 물려 있었습니다.

"아, 바로 저기서 나는 냄새였구나."

고기 냄새를 맡으니까 아까보다 훨씬 더 배가 고파 왔습니다.

"아이, 배고파. 이젠 더 이상 참을 수가 없구나."

여우는 침을 꼴깍 삼키며 궁리를 하였습니다.

"배는 고픈데, 저 까마귀란 녀석의 고기를 어떻게 하면 빼앗아 먹을 수 있을까?"

그 때, 여우의 머릿속에서 아주 멋진 생각이 떠올랐습니다.

"옳지. 좋은 수가 있지. 까마귀를 기분 좋게 해 주면서 고기를 빼앗아 먹는 거야."

 여우는 슬슬 까마귀가 앉아 있는 나무를 향하여 발길을 옮겼습니다. 까마귀는 여우가 오는 것도 모른 채 열심히 고기를 뜯어 먹고 있었습니다.
 "어이, 여보게. 까마귀 아닌가? 이것 참 오랜만일세."
 "……"
 까마귀는 입에 고기를 물고 있었기 때문에 여우를 물끄러미 바라보며 아는 체를 하였습니다. 그러나 여우의 성격을 잘 알기 때문에 까마귀는 곧 여우를 경계의 눈빛으로 바라보았습니다.
 '저 약아 빠진 여우 녀석이 내게 아는 체하는 것을 보

면 틀림없이 딴 속셈이 있을 거야. 아마 내 고기를 빼앗아 먹으려 하는 것인지도 몰라.'

사실 까마귀도 보통내기는 아니었거던요.

까마귀가 아무런 응답을 안 하자, 여우가 다시 말했습니다.

"까마귀, 자네는 어떻게 그렇게 늘 기름기가 자르르 흐르는 멋진 깃을 간직하고 있는가? 난 자네만 보면 언제나 그게 부럽고 궁금했었는데 오늘 그 비결 좀 말해 주게."

"……."

까마귀는 여전히 아무 말도 하지 않았습니다. 여우는 속으로 애가 타고 뱃속에서는 여전히 꼬르륵 소리가 났지만 서두르지 않았습니다. 머릿속으로는 어떻게든 고기를 뺏을 궁리를 계속하였습니다.

'어떻게 하면 저 까마귀란 녀석이 좋아서 입을 헤 벌릴까? 그러면 내가 얼른 가서 저 고기를 집어가지고 올 텐데.

옳지, 열심히 칭찬을 해 주는 거야. 칭찬이야 돈이 드는 것도 아니니까 말이야.'

"까마귀야, 소문에 듣기로는 네가 아주 노래를 잘 부

른다고 하더라. 세상에 듣기 힘든 아주 훌륭한 명창이라고 하던데 내게 한 번만 들려 줄 수 있겠니?"

아무리 여우가 칭찬을 하고 좋은 소리를 하여도 까마귀는 대꾸를 하지 않았습니다. 여전히 까마귀는 여우를 가만히 내려다볼 뿐이었습니다. 하지만 여우의 고집도 만만치 않았습니다.

"네가 그렇게 아무 말도 안 하는 걸 보니 그냥 헛소문인가 보구나?

사실 난 네 노랫소리를 들어 본 적이 없기 때문에 그 소문을 믿지 않았거든. 세상에서 꾀꼬리만큼 노래 잘 부르는 새는 없을걸. 노래 하면 뭐니뭐니 해도 꾀꼬리이지."

여우는 까마귀를 살살 약오르게 만들었습니다. 처음에는 대수롭지 않게 여기던 까마귀였지만 여우의 말이 영 신경을 건드리는 것이 아니었습니다. 자존심이 상해서 더 이상 듣고 있을 수가 없었습니다.

"난 네가 노래를 못한다고는 생각하지 않아. 다만 그렇게 훌륭하게 잘 하느냐 이 말이지."

참는 데도 한계가 있습니다. 잔뜩 약이 오른 까마귀가 말했습니다.

"좋아, 네가 정 그런 식으로 말을 한다면 나도 가만히 있을 수 없지. 내 노랫소리가 어떻다고?"

"그럼 불러 봐. 네가 그렇게 자신만만하다면 노래 불러 보라고."

"알았어. 내가 그까짓 노래를 못할까 봐."

마침내 까마귀는 노래를 부르기 시작했습니다.

"까악 까악 까르륵 까악."

"정말 소문대로 네 목소리는 참 훌륭하다. 짧은 곡으로 한 곡만 더 불러 줄 수 있겠니?"

칭찬을 들은 까마귀는 이젠 신이 나서 노래를 불렀습니다. 제 노래에 취한 듯, 까마귀는 그 뒤로도 몇 곡을 더 불렀는지 모릅니다. 까마귀가 한창 노래를 열심히 부르고 있는 사이 여우는 재빨리 나무 밑으로 살그머니 다가가 고기를 집어 들었습니다. 그리고는 까마귀가 눈치채지 못하게 뒷걸음질을 치며 도망쳤습니다. 제 노래에 취해 흥겹게 노래를 부르던 까마귀가 노래를 마치고 말했습니다.

"자, 내 노래를 들은 소감이 어때?"

여우가 있던 곳을 내려다보니 그 자리에는 아무도 없었습니다. 지난 가을에 떨어진 단풍잎만 바람에 날릴 뿐이었습니다. 까마귀는 그제서야 퍼뜩 정신이 들었습니다.

"아차, 내가 또 여우란 놈에게 당했구나. 그렇게 조심을 했는데도 그만 여우의 꾀에 속아 넘어가다니."

까마귀는 너무나 약이 올라 가슴이 터질 것만 같았습니다. 하지만 누구한테도 하소연할 수가 없었습니다. 누구한테 말을 했다가는 오히려 망신을 당할 게 뻔했습니다.

"벙어리 냉가슴 앓는다더니 내가 바로 그 신세가 되었구나."

까마귀는 먹다 놓친 고기도 아까웠지만 그보다도 여우의 꾀에 속아 넘어간 자신의 허영심과 바보스러운 행동이 한없이 창피하고 괴로웠습니다.

 **읽고 생각 키우기**

1. 이 이야기에 나타나 있는 여우의 행동에 대해 어떻게 생각하는지 옳고 그른 점이 드러나도록 의견을 쓰시오.

   _____
   _____
   _____
   _____
   _____

2. '벙어리 냉가슴 앓는다' 는 말은 어떤 경우에 사용하는 말인가? (   )
   ① 마음이 몹시 괴롭고 허전할 때
   ② 믿는 사람에게서 배신을 당했을 때
   ③ 답답한 사정이 있어도 남에게 말하지 못하고 혼자만 괴로워할 때
   ④ 어려운 일을 해결해 뚫고 나갈 좋은 방법을 모를 때

 내용 간추려 쓰기(2)

★ 내용 간추리기의 뜻 :

　내용 간추리기란 문맥을 정리하여 그 중심 내용을 간략히 줄여서 기둥이 되는 의미를 파악해 내는 것을 말한다. 긴 글을 간추려 정리하면 글의 내용을 쉽게 파악할 수 있고, 글의 내용을 오래 기억할 수 있는 장점이 있다.

1. 다음 문장을 보기 와 같이 간추려 쓰시오.

　　　　　　　　보기

　어제 나는 어머니와 함께 시장에 가서 청바지, 티셔츠, 블라우스, 스커트를 샀다. → 어제 나는 어머니와 함께 시장에 가서 옷을 샀다.

(1) 넓은 정원에는 장미꽃도 피어 있었고, 라일락도 피어 있었으며, 팬지꽃도 아름답게 피어 있었다.

→ _____

(2) 어린이 대공원에 가서 코끼리, 원숭이, 멧돼지도 보고, 그 밖에 놀이 기구를 타면서 재미있게 놀았다.

→ _____

(3) 나는 심심할 때면 언제나 위인전, 동화책, 시집, 세계 명작 소설을 읽는다.

→ _____

(4) 대도시는 물론, 지방의 작은 도시에서까지 교통 사고가 자주 일어난다. 넓게 쭉 뻗은 도로라서 아무런 위험이 없어 보이는 고속 도로에서도 교통 사고는 날로 늘어나고 있다.

→ _____

2. 다음 글을 읽고 물음에 답하시오.

> 개는 영리하고 충성스러운 동물로, 집을 지키고 심부름도 합니다. 또, 주인의 기분을 알아채기도 하고, 발자국 소리만 듣고서 주인인지 아닌지 알기도 합니다. 그리고 주인이 위험한 일을 당하면 재빨리 뛰어들어 주인을 보호합니다. 주인을 살리고 죽었다는 '오수의 개' 이야기는 유명합니다.

(1) 위 글의 중심 내용을 간추려 하나의 문장으로 쓰시오.

_____

_____

(2) 위 글을 두 개의 문단으로 나눌 때, 둘째 문단이 시작되는 부분의 맨 처음에 나오는 낱말을 쓰시오.

_____

3. 다음 글을 읽고 물음에 답하시오.

> 아버지께서는 지금 컴퓨터를 만드는 회사에 다니십니다. 아버지께서는 마음도 넓으시고 일도 열심히 하시기 때문에 회사에서 인기가 매우 좋으신 것 같습니다. 가끔 놀러 오시는 아버지의 회사 친구분들께서 그렇게 말씀하십니다. 아버지께는 두 가지 소원이 있습니다. 하나는 할머니께서 건강하게 오래오래 사시는 것이고, 다른 하나는 누나와 내가 튼튼하게 자라는 것입니다. 나는 아버지의 두 가지 소원이 모두 이루어졌으면 좋겠습니다. 작은 일에도 정성을 다하시는 아버지, 마음이 넓으신 아버지, 나는 이런 우리 아버지를 존경합니다.

(1) 이 글을 크게 세 개의 문단으로 나누어 보자. 각 문단의 맨 끝의 단어를 아래의 칸에 쓰시오.

- 첫째 문단 : _____
- 둘째 문단 : _____
- 셋째 문단 : _____

(2) 첫째, 둘째, 셋째 문단의 중요 내용을 간추려 쓰시오.
 · 첫째 문단 : _____
 · 둘째 문단 : _____
 · 셋째 문단 : _____

(3) 이 글에 나타나 있는 아버지의 소원은 무엇입니까?
_____
_____

4. 다음 글을 읽고 아래의 물음에 답하시오.

> 한라산에는 여러 가지 식물들이 많이 자라고 있습니다. 산 아래쪽에는 더운 곳에서 사는 열대 식물들이 자라고 있고, 산 위로 올라갈수록 추운 곳에서 사는 한대 식물들을 볼 수 있습니다. (　　　) 식물 연구에 관심이 많은 사람들이 이 산을 많이 찾습니다.

(1) 이 글에서 가장 중심이 되는 문장을 찾아 쓰시오.
_____

(2) 위 글의 ( ) 안에 들어갈 알맞은 말을 고르시오.
··· ( )

① 그러나
② 왜냐 하면
③ 그리고
④ 더구나
⑤ 그래서

(3) 이 글의 내용을 아래와 같이 표로 나타내었다. 빈 칸에 알맞은 내용을 쓰시오.

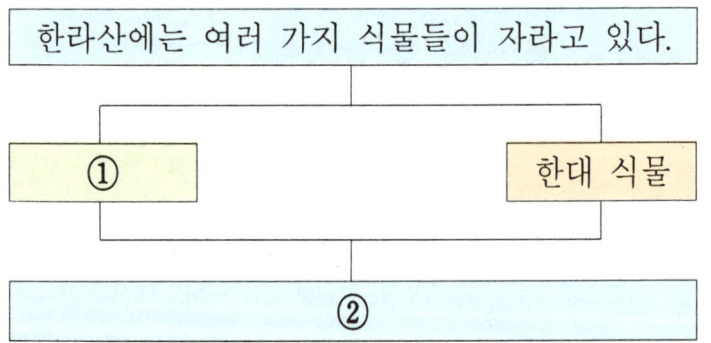

◆ 모범 답안 ◆

1. 팔은 안으로 굽는다.
〈P. 11〉 1.고모부는 할머니의 막내딸인 고모를 도와 주기 때문에 칭찬을 하셨고, 작은아버지는 며느리가 자신의 아들을 힘들게 부려 먹는다고 생각을 하셨기 때문이다. 2.어떤 대상을 두고 판단할 때 판단의 기준이 일정하지 않고 감정이나 느낌 등 주관적인 관점에 따라 바뀌고 있다. 즉, 할머니는 딸과 며느리라는 두 대상을 놓고 그 대상에게 잘 해 주느냐 잘 못해 주느냐에 따라 칭찬을 하기도 하고 꾸지람을 하기도 한다. 이런 점에서 볼 때, 할머니의 말과 행동은 일관성과 공정성을 잃고 있다고 결론을 내릴 수 있다.

〈P. 12〉 좋은 글쓰기
1.(나) 2.〈모범 예문〉 동생이 어머니께 자꾸만 유명 메이커 운동화를 사 달라고 졸랐다. 그 때마다 어머니는 동생을 달래시면서 이 다음 돈이 생기면 사 주시겠다고 말씀하셨다. 아버지가 안 계신 집안 살림을 꾸려 가시느라고 어머니는 늘 힘든 일을 하신다. 그런데도 철없는 동생은 자꾸만 떼를 쓴다. 그런데 어느 날 동생과 학교에서 돌아와 보니 마루에 산뜻한 운동화 한 켤레가 놓여 있었다. 동생은 좋아 어쩔 줄 몰라 했

다. 저녁에 밥을 먹다 보니 어머니 손에 반지가 보이지 않았다. 어머니가 늘 가운뎃손가락에 끼고 계시던 가느다란 노란 금반지가. 궁금해서 어머니에게 물었더니 어머니는 지나가는 말처럼 귀찮아서 다른 요긴한 데 썼다고 말씀하셨다. 하지만 그것은 어머니가 평소에 아끼던 것인데…….

그 일이 있은 며칠 후였다. 나는 우연히 옆집 아주머니가 하시는 소리를 듣고 가슴이 아팠다.

"순길이는 참 좋겠다. 엄마가 반지 팔아 운동화도 사 주고."

나는 어머니의 그 동안의 괴로웠을 마음을 생각하니 너무나 마음이 아팠다. 그리고 굳게 결심했다. 열심히 공부해서 어머니께 효도하는 아들이 되겠다고. 3.(1)반드시→반듯이 (2)그는→그것은 (3)적고→작고 (4)좋아한다→좋아하지 않는다. (5)반듯이→반드시 4.(1)나는 초등 학생이다. (2)어머니는 부엌에 계시고 아버지는 신문을 보신다. (3)놀땐 놀고 공부할 땐 공부하자. (4)나는 책 읽기를 좋아하고 철수는 운동을 좋아한다. 5.엄마 : 순아야, 친구가 부른다. 순아 : 네. 그런데 누구예요? 엄마 : 미영인가 보다. 6.③ 7. 오늘 학교에 갔다 왔다. 집에 오니 아무도 없었다. 숙제를 하고 놀이터에 나가 영식이와 제기차기를 하였다. 그리고 집에 돌아와 저녁을 먹었다. 텔레비전을 보다 잠을 잤다.

2. 돌다리 두드려 보기

〈P. 21〉 1.③ 2.어떤 일을 실행하기에 앞서 신중하고 조심스럽게 생각하는 태도는 매우 중요한 일이다. 일을 시작하기에 앞서 지나치게 일을 서둘거나 성급하게 처리하다 보면 실수를 하기가 쉽다. (예 갖가지 건설 공사) 그러나 서둘러 결론을 내리고 행동으로 옮겨야 할 위급한 경우에 너무 신중하게 생각하느라 시간을 끌다보면 일을 망칠 수가 있다. (예 응급환자가 있는 경우 등) 그러므로 경우에 맞게 일을 처리하는 태도가 필요하다.

〈P. 22〉 정확한 말

1.(1) ① 배러→베러 ② 베었다→배었다 (2) ① 꽃봉우리→꽃봉오리 ② 산봉오리→산봉우리 (3) ① 잃어버리고→잊어버리고 ② 잊어버렸다→잃어버렸다 (4) ① 햇볕→햇빛 ② 햇빛→햇볕 2.(1)이십다섯→스물다섯 (2)생일→생신 (3)이견→의견 (4)열여섯 번째→열여섯째 번 (5)둘째 번→두 번째 (6)알으켜→가르쳐 (7)4시 30분 정각입니다→4시 30분입니다. (8)역전 앞→역전 또는 역 앞 (9)동해 바다→동해 (10)머리가 하얀 백발 노인→머리가 하얀 노인 또는 백발 노인 (11)500원이 되겠습니다.→500원입니다. 3.〈P.180〉참고

3. 엄마쥐와 생쥐

〈P. 31〉 1.엄마쥐는 자신의 경험을 바탕으로 해서 판단을 내리고 있다. 그렇기 때문에 자신이 직접 경험하지 않은 사실에 대해서는 올바른 판단을 하고 있지 못한 것이다. 다시 말해, 엄마쥐가 지금까지 경험한 바에 의하면 고양이가 가장 무섭다는 결론이다. 고양이는 쥐소리만 나면 언제든 잽싸게 나타나 쥐들을 잡아먹기 때문이다. 그러므로 자신의 생명에 위협

어느 날, 황 정승이 뒤뜰에 가 보니 잘 익은 감이 나무 밑에 많이 떨어져 있었습니다.
　이상하게 생각한 황 정승이 하인을 불렀습니다.
　"웬일로 감이 이렇게 많이 떨어져 있느냐?"
　"네, 요 이웃에 사는 녀석이 돌팔매질을 해서 이렇게 떨어졌습니다. 지금 막 혼을 내 주고 오는 길입니다."

을 주는 고양이가 지금까지 경험한 사실로 보면 가장 무섭다는 결론을 내린 것이다. 그러니까 엄마쥐의 판단은 객관적인 면에서 보면 정확하고 타당한 의견이라고는 할 수 없다. 그러므로 정확하게 사실을 알려면 다른 여러 가지 자료들을 모으고 다른 사람의 의견을 폭넓게 들어 옳은 것인지 아닌지를 판단하여야 한다. 2. ① 3. 흔히 좋은 일을 당하다 보면 마음이 흐트러져 생각지 않은 불행을 불러 올 수가 있다. '호사다마'라는 말이 있는데, 이 말은 바로 좋은 일에는 궂은 일이 함께 잘 따른다는 뜻이다. 그러므로 여기서 엄마쥐가 생쥐에게 늘 주의를 준 것은 마음놓고 함부로 왔다갔다 하다가는 불행한 일을 당할지도 모르니 조심하라는 뜻이다.

〈P. 33〉 글감찾기

1. (나) 이유 : 택시가 빨리 달리는 것을 과장하여 표현한 말이다. 그런데 말처럼 택시가 빨리 달린다는 것은 사실과 맞지 않다. '바람처럼 달린다.'가 더 알맞다. 2. (1) 방울 소리. 새 소리 (2) 사랑의 도시락, 아팠을 때의 지극한 간호, 비오던 날의 마중

4. 귀중한 보물

〈P. 39〉 1. ④ 2. ②

〈P. 40〉 글감 정하기

1. 엄마는 아침에 미역국을 맛있게 끓여 주셨다. 나는 기분이 매우 좋았다. 그러나 한편 미안한 생각이 든다. 앞으로는 언

니의 심부름도 잘 하고 공부도 열심히 하는 착한 동생이 되어야지. (2) ④ 2.(1)얼룩소, 송아지, 목장, 목동, 넓은 풀밭 등 (2)물새, 물새알, 산새, 산새알, 바다, 바위 등 (3)이슬, 풀밭

5. 누가 옳을까

〈P. 47〉 1.영철이는 이기적이라는 말과 어떤 일을 하게 되는 행동의 동기 자체를 같은 것으로 혼동해 사용함으로써 판단의 잘못을 범하고 있다. 즉, 모든 사람이 이기주의자라는 의견은 옳지 않다. 일부분의 사람들에게는 해당되는 말일 수 있지만 부분적인 사실을 전체로 확대해서 말하는 것은 잘못이다. 일부분의 어떤 사람들은 국가나 단체 또는 사상을 위해 자신의 생명을 바치기도 하기 때문이다. 즉, 남을 위해 희생하는 것은 행동의 동기이지 이기심이 아니다. 2.1+1=2라고 하는 사실은 우리 사람이 만들어 정해 놓은 규칙이다. 그러므로 영철이가 말하는 경험적 사실에 의한 계산법은 인위적인 규칙과는 일치할 수 없는 별개의 것이다. 3.(1)3+2=5라는 사실은 선생님이 그렇게 가르쳤거나 책에 쓰여 있는 것과는 상관없이 이미 진리이다. 그러므로 선생님 때문에 그것이 참이 되는 것은 아니다. (2)하느님이 존재한다는 사실을 증명한 사람이 없다고 하느님이 존재하지 않는다는 결론을 내리는 것은 잘못된 판단이다. 이처럼 아무도 모르기 때문에 증명해 내지 못하므로 존재하지 않는다고 판단을 내리는 것은 잘못된 판단이다. 이러한 잘못된 판단을 무지에 의한 오류라고 한다. (3)컴퓨터로 인해서 성적이 올라갔는지 아니면 그 동안 게을

리하던 공부를 열심히 해서 이번에 성적이 올라갔는지 또는 시험 문제가 쉬워서 좋은 성적을 올렸는지 그 원인과 결과가 분명하지 않다. 이처럼 원인과 결과를 잘못 이해함으로써 일어나는 잘못을 인과 관계의 오류라고 한다. (4)한국 사람 전체를 놓고 볼 때 부지런하다고 한 판단을 자신이 한국 사람이라고 해서 부지런한 사람이라고 판단을 내리는 것은 잘못된 판단이다. 이는 전체와 부분(개인)의 관계를 잘못 이해함으로써 발생한 잘못된 판단이다.

〈P. 50〉 주제란 무엇인가

1.(1)꽃밭 (2)꽃밭의 아름다운 풍경 2. ② 3. (1)짐수레 (2) 남을 돕는 기쁨, 남을 돕고 난 뒤의 흐뭇한 마음 4.텔레비전의 폭력적인 장면은 어린이의 정서발달에 해롭다. 5.가을 6.우정

6. 세 사람의 장님과 코끼리

〈P. 59〉 1.③ 2.공부와 얼굴이 예쁜 것은 서로 아무런 인과관계가 없다. 공부를 잘 하는 것은 열심히 공부를 했거나 또는 머리가 좋아서일 수도 있고, 그 밖의 다른 이유가 있을 수도 있다. 공부를 잘 하는 사람 가운데 얼굴이 예쁜 사람도 있을 수 있고 얼굴이 못난 사람도 있을 수 있으며, 공부를 못하는 사람 가운데에도 얼굴이 예쁜 사람도 있을 수 있고 못난 사람도 있을 수 있다. 그러므로 이와 같은 주장은 충분하고 타당한 근거가 없기 때문에 논리적이지 못하다.

〈P. 60〉 주제 정하기와 글쓰기

1.(1)①가 ②참 (2)①가 ②참 (3)①가 ②참 (4)①가 ② 참 (5)①가 ②참 (6)①참 ②가 (7)①참 ②가 2. (1)사람을 겉모양만 가지고 '좋다, 나쁘다'라고 판단하는 것은 아주 잘못된 생각이라는 것을 깨달았다. (2)얼굴 생김이 마음에 들지 않아 무척 싫어했다. (3)아이들이 청소를 하다가 힘들어하면 청소를 거들어 주기도 하고, 공부도 선생님처럼 알기 쉽게 잘 설명해 주기 때문이다. 3. 4.번 문제는 각자 해 보자.

7. 사자왕과 토끼의 계략

〈P. 71〉 1.사자 임금의 자리를 물귀신이 노리고 있다고 거짓말을 하여 사자 임금의 자존심을 상하게 하였다. 그런 다음 호숫가로 데리고 가 화가 나서 판단력이 흐려진 틈을 이용하여 기분 나빠 있는 사자 임금의 성질을 더욱 화나게 돋굼으로써 물 속에 빠뜨려 죽게 하였다. 그렇게 하여 토끼는 자신의 목숨을 구했다. 2.②

〈P. 72〉 개요짜기 (1)

1. (1)자전거 (2)친구(우정) 2. ③ ⑧ 3. ①②⑥④⑤⑦⑨⑧ 4. ① 5. ① 아버지의 취미는 꽃가꾸는 일이다. 그래서 틈만 나면 언제나 화단에서 꽃을 돌보신다. ② 이제 동생과도 싸우지 말고 사이좋게 지내야겠다.

8. 토끼와 거북이의 여행

〈P. 84〉 1.일을 실행하기에 앞서 먼저 일의 계획을 꼼꼼히 세우고 계획한 대로 실천에 옮기는 점. 2.② 3.거북이가 어린이들에게 대접을 잘 받는 것을 보고 자기가 거북이 대신 좋은 대접을 받으며 맛있는 음식을 먹고 싶어서 4.② 5.④

〈P. 86〉 개요짜기 (2)

1. ② 2. ① 3. 신체 장애인을 따뜻하게 보살펴 주자. 4. 중심 내용 : 꽃향기를 좋아하는 송아지 페르디난드가 투우장에 나아감. 구상 내용 2. 꽃향기를 맡는 페르디난드의 코를 벌이 쏨. 구상 내용 3. 벌에 쏘여 뛰는 페르디난드를 투우사들이 투우장에 데려감 5. 우리 농산물을 애용해야 하는 까닭

9. 거짓말 겨루기

〈P. 99〉 1.② 2. 각자 해 보자.

〈P. 100〉 힘있게 주장하기 (1)

1. (1)(가)교통 신호를 잘 지켜야 한다. (2)(바)빠르고 편리한 지하철을 많이 건설한다. (3)① 길이 막혀서 발생하는 시간의 낭비를 줄일 수 있다. ② 차와 사람이 안심하고 다닐 수 있다. 2.(1)책을 읽으면 우리는 훌륭한 인물들을 만나게 됩니다. (2) ① 우리에게 깊은 감동을 준다. ② 정신의 성장을 도와 우리의 인격을 높여 준다. (3) ① 3. ④ 4. 질서를 지키자. 5. (1)우리 민족과 역사가 자손 만대 이어지기 위해서는 우리 말을 아끼고 다듬어 써야 한다. (2)자기 나라 말을 아끼고 사랑하는 민족은 영원히 번창하고, 자기 나라 말을 천대하는 민족은 멸망한다. 6. (1)일을 계획성 있게 할 수 있다. (2)명랑한 사회 질서를 이룰 수 있다.

10. 아들을 파면시켜 주오

⟨P. 114⟩ 1. 죄를 부른다. 2. ③ 3. ⑤ 4. 각자 생각하는 바를 자유롭게 다양한 관점에서 솔직하게 말할 수 있도록 분위기를 만들어 준다.

⟨P. 116⟩ 힘있게 주장하기 (2)

1. (1)민영 (2)영수가 말한 주장의 근거는 너무 막연하고 일반적이다. 그래서 실제적인 느낌을 받기가 어렵다. 이에 비해 민영이의 주장은 훨씬 구체적이고 실제적이며 우리에게 실감을 줄 수 있는 구체적인 근거들을 보다 많이 내세웠기 때문이다. 2. (1) ① 기분 좋게 차를 탈 수가 있다. ② 빨리 차를 탈 수가 있다. ③ 사고를 예방할 수 있다. (2) ① 수업 내용에 정신을 집중할 수 있다. ② 선생님이 가르쳐 주시는 것을 잘 알아들을 수 있다. ③ 수업 분위기가 좋아 공부가 잘 된다. (3) ① 듣는 이의 마음을 좋게 한다. ② 명랑한 인간 관계를 유지할 수 있다. ③ 마음의 수양을 쌓을 수 있다. (4) ① 거리가 깨끗해진다. ② 미화원 아저씨들의 수고를 덜어 준다. ③ 주변 환경이 깨끗해 전염병의 발생을 막을 수 있다. (5) ① 곱고 아름다운 우리말이 사라질 염려가 있다. ② 민족의 주체성을 잃어버리는 결과를 가져온다. ③ 듣는 이에게 쓸 데없이 부담감을 준다. (6) ① 명랑한 사회를 만든다. ② 인간 관계를 원만하게 유지할 수 있다. ③ 사람의 품성을 나타내는 바탕이 된다. 3. ⟨모범 예문⟩ 우리는 좋은 책을 많이 읽어야 한다. 좋은 책을 읽음으로써 우리가 직접 경험하지 못한 사실과 지식을 알게 되고 생활에 필요한 유익한 많은 깨달음

을 얻게 된다. 뿐만 아니라, 훌륭한 사람들의 가르침을 통해 마음의 수양을 기를 수가 있다. 그러므로 우리는 좋은 책을 골라 읽는 습관을 기르도록 노력해야 한다.

11. 으악새 울음소리

⟨P. 127⟩ 1. ③ 2. ① 3. ②

⟨P. 128⟩ 문단 쓰기 (1)

1. (1)사람은 신의를 소중히 생각해야 한다. (2)그러면 인간에게는 사랑이라는 말이 없어져 버리고 이 사회는 삭막하게 될 것입니다. 2. (다)-(가)-(나) 3. 얼굴은 가지각색이다. 4. (가)-(다)-(나)-(라)-(마) 5. 여름에는 조심해야 할 일이 많습니다. 6. (1) (바)-(나)-(다)-(라)-(가)-(마)-(사) (2) (가), (라), (마), (바), (사) (3) (나), (다) 7. 그러므로 노인이나 몸이 불편한 사람들에게 자리를 양보하는 아름다운 미덕을 기르자.

12. 두루미와 여우의 만찬

⟨P. 143⟩ 1. ⑤ 2. ② 3. 여우는 두루미가 일부러 자신을 골려 주기 위해 목이 긴 병에 음식을 내놓았다고 오해를 할 것이다. 그리하여 서로 기분이 상해서 가까이 지내지 않을 것이다. 4. 누구나 잘못을 저지를 수는 있다. 그러나 자신의 잘못을 솔직히 얘기하고 용서를 빌고 상대방의 입장을 이해하는 마음을 가진다면 훨씬 아름답고 명랑한 사회가 이루어질 것이다. 그러므로 남을 이해하는 넓은 아량은 매우 소중하다.

〈P.145〉 문단 쓰기 (2)

1. 우리 나라는 살기 좋은 나라이다. 맑은 공기와 맑은 물이 있다. 우거진 아름다운 숲이 있다. 철따라 산과 들을 수놓는 아름다운 꽃들이 있다. 그리고 서로를 아끼면서 살아가는 마음씨 착한 사람들이 있다. 2.〈모범 예문〉정리 정돈을 잘 하자. 주위에 물건이 흐트러져 있거나 지저분하면 정신이 산만해서 공부를 잘 할 수가 없다. 그러므로 항상 주변을 깨끗이 정리 정돈 하자. (2)〈모범 예문〉길을 가다가도 무거운 짐 수레를 끌고 가는 아저씨들을 보면 얼른 가서 밀어 드린다. 또, 친구들이 힘들게 청소를 하면 언제든지 옷을 걷고 거들어 준다. 내 짝 민수는 누가 뭐래도 정말 마음씨 착한 아이다. (3)〈모범 예문〉우리가 모르는 문제를 여쭈어 보면 선생님처럼 알기 쉽게 가르쳐 주신다. 또 밤이면 언제나 우리 방에 들어오시어 우리들의 잠든 모습을 보시고 이불을 덮어 주신다. 우리 아버지는 참 자상한 분이시다. 3.〈모범 예문〉(1)이를 닦지 않으면 남에게 불쾌한 냄새를 풍긴다. 그리고 충치가 생겨 이가 아프게 된다. (2)벌과 나비는 꽃 사이를 날아다니며 꽃가루를 옮겨 열매를 맺게 한다. 그리고 벌은 우리에게 맛있는 꿀을 준다. (3)우리 나라는 자원이 부족하다. 종이, 병, 플라스틱 등은 훌륭한 재활용품으로 이용할 수가 있다. 또 쓰레기를 버리려면 많은 돈과 노력이 들어간다. (4)모기는 사람을 괴롭히는 해충이다. 그리고 무서운 전염병을 옮긴다. 4. (1)어머니는 수영과 에어로빅을 하시며, 친구들과 어울려 여행을 하시기도 한다. (2)끝의 문장의 '어머니의 몸은 언제

나 쉴 줄을 모르신다.'와 어긋나기 때문이다.

13. 한 표를 부탁합니다.
〈P. 157〉 1. 이기자 후보 2. 김막동 후보 3. 박수산 후보 4. 고단수 후보

〈P. 159〉 내용 간추려 쓰기 (1)

1. 말을 부드럽게 하자. 2. ⑤ 3. (1)개는 냄새를 잘 맡는다. (2)개는 소리를 잘 듣는다. 4. 씨름은 우리의 민속 행사로 장려되고 발전하여 왔다. (2)③

14. 여우와 까마귀
〈P. 170〉 1.〈찬성하는 의견 예〉여우는 매우 영리하고 세상을 살아가는 데에 재치가 있다. 자신의 이익이나 욕심을 채우기 위해서는 비겁한 일도 서슴지 않는다. 하지만, 생존 경쟁에서 살아남기 위해서는 어쩔 수 없는 일이다.〈반대하는 의견 예〉여우는 비겁하고 염치가 없다. 자신의 목적을 위해서는 수단과 방법을 가리지 않는 비열함을 가지고 있다. 이런 사람들이 많은 사회는 사람들이 서로를 믿지 못할 것이고 혼란과 무질서가 판을 칠 것이다. 2. ③

〈P. 171〉 내용 간추려 쓰기 (2)

1. (1)넓은 정원에는 여러 가지 꽃들이 아름답게 피어 있었다. (2)어린이 대공원에 가서 동물들도 보고, 그 밖의 놀이 기구를 타면서 재미있게 놀았다. (3)나는 심심할 때면 언제나 책을 읽는다. (4)대도시는 물론, 지방이나 고속 도로에서도

교통 사고는 날로 늘어나고 있다. 2. ⑴개는 영리하고 충성스러운 동물이다. ⑵그리고 3. ⑴첫째 문단 : 말씀하십시다. 둘째 문단 : 좋겠습니다. 셋째 문단 : 존경합니다. ⑵첫째 문단 : 아버지는 회사에서 인기가 매우 좋다. 둘째 문단 : 아버지에게는 두 가지 소원이 있다. 셋째 문단 : 나는 아버지를 존경한다. ⑶① 할머니께서 건강하게 오래 사시는 것 ② 누나와 내가 튼튼하게 자라는 것. 4.⑴한라산에는 여러 가지 식물들이 많이 자라고 있습니다. ⑵⑤ ⑶① 열대 식물 ② 식물 연구에 관심 있는 이들이 많이 찾는다.

> 인지생략
> 판권본사소유

논리학습 논술교실

2009년 5월 8일 2판 1쇄 인쇄
2009년 5월 15일 2판 1쇄 발행

글쓴이
김 영 이

그린이
김 태 란

펴낸이
조 병 철

펴낸곳
한국독서지도회

경기도 고양시 일산동구 장항동 580
TEL (031)908-8520
FAX (031)908-8595
출판등록 1997년 4월 11일 (제406-2003-016호)

✱ 잘못된 책은 바꿔 드립니다.
✱ 책값은 뒤표지에 있습니다.
　ISBN 978-89-7788-326-0